insel taschenbuch 3202
Lissabon

Torre de Belém

Lissabon

Ein Reisebegleiter

Von Gaby Wurster
Mit farbigen Fotografien

Insel Verlag

insel taschenbuch 3202
Originalausgabe
Erste Auflage 2006
© Insel Verlag Frankfurt am Main und Leipzig 2006
Text- und Bildnachweise am Schluß des Bandes
Vertrieb durch den Suhrkamp Taschenbuch Verlag
Umschlag: Elke Dörr
Satz: Hümmer GmbH, Waldbüttelbrunn
Druck: Druckhaus Nomos, Sinzheim
Printed in Germany
ISBN 3-458-34902-2

1 2 3 4 5 6 – 11 10 09 08 07 06

Inhalt

Das Weltkartenmosaik am Padrão dos Descobrimentos

Die Zeit auf dem Meer hat den weitesten
irdischen Raum.

Christoph Meckel

Für Jacqueline, Pedro, Sara und Bary,
die mich in Belém, dort, wo die Welt offen ist,
für die Zeit meiner Fahrten mit Karavellen,
Karten, Proviant und vor allem mit einer
Armillarsphäre versorgt haben.

»Über den Hügeln hell die Häuser. Das ist Lissabon«[1]

»Lisboa é bonita.« Lissabon ist schön. So einfach und bestechend sagt es Miguel Torga. Andere beschreiben und besingen diese alte Stadt voller Zauber als Stadtschiff, Weiße Stadt, Stadt aus Marmor und Granit, als die Schöne am Tejo. So schön, daß sie vielleicht nur ein Trompe-l'œil ist? Man könnte es meinen, sieht man die unzähligen traumhaften Bilder und liest man die vielen unwahrscheinlichen Geschichten, die Filmemacher und Literaten zwischen den Hügeln der Stadt geschaffen haben. Der Sage nach soll ihr sogar einer der ersten Protagonisten der Weltliteratur seinen Namen verliehen haben: Odysseus. Ulysses alias Olisippo. Die Handelsstadt am großen Naturhafen des Tagus lag an den Seewegen der Phönizier, sie war Ankerplatz für Kelten, Römer, Goten, Mauren und Kreuzritter. Oft umkämpft, erobert, verloren und wiedererobert, war sie doch immer geliebt. Und reich war sie auch. »Sie hätten sie damals eingehüllt gefunden in den Duft der Gewürzwaren überseeischer Reiche und hätten sie Gold scheffeln sehen.«[2] Davon zeugt noch heute wort- und steingewordene Geschichte. »Da die Häuser, Klöster, Kirchen und anderen Bauwerke groß und alle aus weißem Stein gebaut sind, nehmen sie sich aus der Ferne sehr schön aus«,[3] schreibt Fielding; er verstarb kurz nach seiner Ankunft in der Hauptstadt des Landes, von dessen Klima er sich Linderung und gar Heilung seines Leidens versprochen hatte. Das war 1754.

Ein Jahr später kam die Katastrophe. Beim Erdbeben von 1755 blieb kaum ein Stein auf dem anderen, halb Lissabon fiel dem Beben, der Flut und dem darauffolgenden Brand zum Opfer. Doch nicht nur die Erde war erschüttert, erschüttert waren auch bis dahin geltende theologisch-philosophische Sinnzusammenhänge. »Entsetzt, bestürzt, seiner Sinne nicht mächtig, über und über blutend und zitternd, sagte Candide sich: ›Wenn dies die beste aller möglichen Welten ist‹, wie müssen dann erst die anderen sein?‹«[4] Die Frage nach der Rechtfertigung Gottes angesichts des Übels in der Welt löste auch eine Debatte in der Literatur aus, an der sich noch jahrzehntelang so Namhafte wie Goethe, Lessing, Kant oder Kleist beteiligten und die selbst noch bei Thomas Mann nachklingt.

Den Wiederaufbau leitete der aufgeklärte Marquês de Pombal, Erster Minister König Josés I. Die Stadt wurde größer, neue Viertel entstanden und mit ihnen die ersten Manufaktur- und Arbeitersiedlungen; Parks wurden angelegt, breite Straßen gebaut. Die Baixa, das Geschäfts- und Handelsviertel der »Unterstadt«, wurde symmetrisch und einheitlich gestaltet, eine barocke Planstadt, die später zum Mikrokosmos ihres größten Literaten werden sollte: Fernando Pessoa.

Im facettenreichen Lissabon ist jedes Viertel bis hin zu den Friedhöfen eine Stadt in der Stadt, die so ganz anders ist als ihre Nachbarin und besondere Beachtung verdient. Verläßt man beispielsweise den Bairro Alto – mit seinen vielen Lokalen, Boutiquen, Galerien und den kleinen Krämerläden – nach Westen, so findet man sich bald in einer ganz anderen Welt wieder. Steile Gassen, Wäsche über den Straßen, würzige Essensgerüche, Kanarienvögel am Fenster, Frauen rufen sich mit schriller Stimme etwas zu: Madragoa, das Dorf der ehemaligen »varinas«, der Fischweiber. Und geht man nach Nordwesten weiter, wird es ganz unmittelbar weltläufig zwischen den großbürgerlichen Villen von Lapa, wo heute Diplomaten und Politiker unweit des Regierungsviertels São Bento residieren.

Das Arme und das Reiche, das Neue und das Alte, das Schöne und das Schäbige leben in Portugal und ganz besonders in Lissabon Seite an Seite, Tür an Tür. »Die Aufteilung der Städte in reiche und arme Viertel ist eine Erfindung des neunzehnten Jahrhunderts. Vorbürgerliche Gesellschaften kannten diese Form der sozialen Apartheid nicht. Deshalb stehen im alten Kern Lissabons elende Mietshäuser neben prächtigen Klöstern, aristokratische Palais neben armseligen Spelunken.«[5] Es is eine Stadt alter und vordergründig unvereinbarer Widersprüche, ein Ort starker Kontraste, »wo Erde aufhört und die Wellen schlagen«,[6] ein Ort zwischen Wasser, Erde und Salz. Verklärt noch durch »diese sanfte, flüchtige, allgegenwärtige, leidenschaftliche Helligkeit«,[7] das vielzitierte »durchsichtige« Licht, das sich im Fluß spiegelt, im »Strohmeer« der goldenen Reflexe des Tejo, und das sich in den Salzkristallen bricht, die vom Meer herübergeweht werden, kann in diesen Brüchen und innerhalb fließender Übergänge das »Traum«-hafte entstehen, das Träumerische und auch das Trügerische. »Somnambule Phantasie«, so Enzensberger, ergibt Rausch und Rätsel, Illusion und Fiktion.

So kommt es, daß wie bei Nooteboom einer in Amsterdam zu Bett geht und in Lissabon aufwacht, daß einer, ja gar zwei mit einem toten Dichter zu Tisch sitzen oder daß einer die Nacht mit einem Wildfremden verbringt, sich dessen Geschichte anhört und am Ende zwei Fahrkarten in die Freiheit bekommt wie bei Remarque.

Denn nicht allein, daß Lissabon große Literaten hervorgebracht und beheimatet hat, um mit Camões, Bocage, Eça, Pessoa und Antunes nur einige zu nennen, und andere namhafte Schriftsteller wie Thomas Mann, Reinhold Schneider oder Antonio Tabucchi inspirierte – die Stadt war für über 100 000 jüdische Emigranten auch die Endstation ihrer

Via dolorosa durch Europa. Von Lissabon, dem »Hafen der Hoffnung«, wie Pavel Schnabel die Stadt in seinem Dokumentarfilm nennt, fuhren beispielsweise Stefan Zweig, Heinrich Mann und Lion Feuchtwanger in die Freiheit. Alfred Döblin behielt »eine bunte, südliche und friedliche Welt« in Erinnerung, Alma Mahler-Werfel genoß die »paradiesische Ruhe in einem paradiesischen Lande«, und Alexander Abusch »die Lichterstadt und das Lichterland«. Freilich vermitteln solche unpolitischen Zitate das Bild eines freundlichen Landes – und daß die Emigranten große Unterstützung in der Bevölkerung fanden, ist weithin bekannt und durch Exilberichte belegt –, aber sie täuschen auch über die Diktatur Salazars hinweg, der das Land ein halbes Jahrhundert lang unterdrückte und in rückständiger Armut und Ungebildetheit hielt. Doch trotz der politischen Nähe zu Mussolini und Hitler ermöglichte das Regime durch seine offizielle politische Neutralität Flüchtlingen den Transit und die Reise nach Übersee. Andererseits nahm es den armenischen Milliardär und Kunstförderer Gulbenkian auch gerne auf ... (s. S. 108)

Wieder und immer ist es da, das Sowohl-als-auch, eine eigene Welt zwischen den Welten, die man so schnell nicht wieder verläßt. Selbst ein Felix Krull, dessen Reisepläne ihm »den Aufenthalt in Lissabon unliebsam verkürzen wollten«, blieb länger als geplant, riet ihm Professor Kuckuck doch an, sich nicht »zu flüchtig«[8] umzusehen, und während man sich in den Bann der Stadt zwischen Fluß und Meer ziehen läßt, sagt man gerne mit Pessoa: »Komm morgen wieder, Wirklichkeit.«[9]

So kann man aufbrechen zu Spaziergängen an der Seite derer, die Lissabon besungen und zum Symbol ihrer Dichtung erhoben haben. Es sind Promenaden des Schauens, Staunens, Sinnierens – und des Träumens. »Lesen heißt durch fremde Hand träumen.«[10] Denn oft muß man die Augen schließen, um besser zu sehen, auch um zu sehen, was und wie der Literat sah. Das »volkstümliche« Lissabon des Gil Vicente, die »Schenkenstadt« des Bocage, die Noble des Eça, Fialho de Almeidas und Cesário Verdes »*fin-de-siècle-*« und Pessoas »*liberty*-Lissabon«[11] haben sich naturgemäß sehr verändert. In einem Café oder an einem Miradouro, zu dem der Fluß die Berge an einem Dutzend Stellen geschliffen hat, kann man das Gesehene und Gedachte Revue passieren lassen und die Poesie dieser realen oder fiktiven Räume entdecken, ob es nun ein Palácio sei oder ein Hinterhof. »Poesie ist im Rattern der Wagen auf den Straßen, in jeder winzigen, alltäglichen, lächerlichen Bewegung eines Arbeiters, der auf der anderen Straßenseite das Aushängeschild eines Fleischerladens malt.«[12]

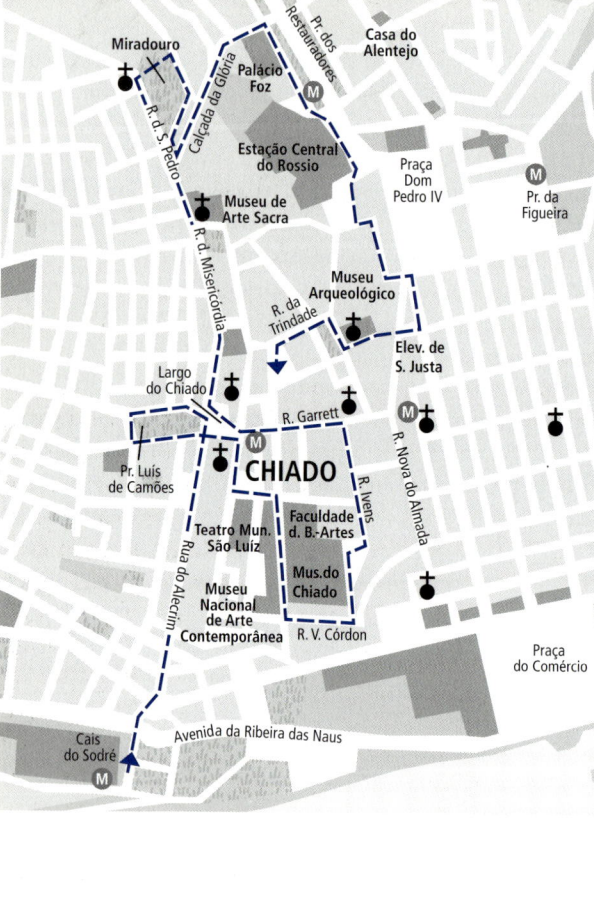

Miradouro

Calçada da Glória

Pr. dos Restauradores

Casa do Alentejo

Palácio Foz

R. d. S. Pedro

Estação Central do Rossio

Praça Dom Pedro IV

Pr. da Figueira

Museu de Arte Sacra

R. d. Misericórdia

Museu Arqueológico

R. da Trindade

Elev. de S. Justa

Largo do Chiado

R. Garrett

R. Nova do Almada

Pr. Luís de Camões

CHIADO

R. Ivens

Teatro Mun. São Luiz

Faculdade d. B.-Artes

Museu Nacional de Arte Contemporânea

Mus. do Chiado

Rua do Alecrim

R. V. Córdon

Praça do Comércio

Cais do Sodré

Avenida da Ribeira das Naus

»*Den Chiado hinaufgehen*«

Vom Cais do Sodré
nach São Pedro de Alcântara

Mancher, der heute den »Chiado hinaufgeht«, will sagen, er
flaniere vom Rossio die Rua do Carmo und die Rua Garrett
hinan, vorbei an eleganten Geschäften und einem neuen Ein-
kaufszentrum, dort, wo das Feuer 1988 die Häuserzeilen zer-
störte und die Originalfassaden von Álvaro Siza Vieira wiederaufgebaut wurden.

Andere meinen mit Chiado noch immer Kunst und Literatur, steht der Name doch für das Herz der Schöngeistigkeit,
das Anfang des 20. Jahrhunderts dort schlug. Verlage, Buchhandlungen und Antiquariate hatten dort ihren Sitz, neben
Theatern und Cafés wie dem *Ferrari*, dem *A Brasileira*, dem
Chiado, der Heimat der Intellektuellen, Literaten und Künstler. Seinen Namen erhielt das Viertel nach António Ribeiro
do Espírito Santo, dem ehemaligen Mönch und unbeque-
men Volksdichter, Bauchredner und Stimmenimitator des
16. Jahrhunderts, genannt »O Chiado«, »Der Piepser«.

»Chiado, ein Szenarium, ein Ritual. Mit qualmender Zigar-
re ließ Ramalho Ortigão an der Tür des Havaneza das *tout
Lisbonne* seiner Zeit an sich vorüberziehen. Ultraversnobt
wie ein Salonkater, war auch er eine der Figuren aus dem
Album de Glórias von Bordalo, die live, mit Handschuhen,
feinem Spazierstock und dem aus der Tasche des Fracks lu-
genden *Figaro*, zum mondänen Nachmittagsdefilee hierher
versetzt wurde. Er begrüßte respektvoll Teófilo Braga, und
möglicherweise diskutierten die beiden ein paar Absätze
von Proudhon, das würde mich nicht wundern. Fialho de Almeida bedachte er nur mit einem guten Tag und auf Wieder-

sehen, denn eine Parade mit einem Stutzer aus der Provinz
wie Fialho war in seinen Augen etwas so Armseliges, daß
man nur noch über den Kneifer linsen konnte. [...] ›Den
Chiado hinaufgehen.‹ Wenn jemand das damals sagte, war
das so, als würde er ein Privileg des Jahrhunderts verkün-
den. Oper im Teatro São Carlos, Soupers bei Tavares Rico,
das Grémio Literário mit Herren, die auf dem Balkon zum
Tejo auf die Passagierschiffe der königlichen Postlinie war-
teten und auf die Zeitungen aus England, meine Herrschaf-
ten, soviel Leben war wirklich ein Aufstieg.«[1]

Unser Spaziergang beginnt am **Cais do Sodré**, Metrostation
und Art-deco-Bahnhof für die Züge, die vom Meer her kommen. Vom Meer her kam auch Ricardo Reis, ein Mitglied der
Pessoa-Seelenfamilie, das José Saramago zur Romanfigur
macht. Der Nobelpreisträger läßt den Weltbürger wider Willen, der im selbstauferlegten brasilianischen Exil lebte, noch
einmal nach Lissabon zurückkehren und mit dessen Geistes-
vater Pessoa zusammentreffen. Reis nimmt ein Zimmer im
Bragança, unten an der **Rua do Alecrim**, gegenüber dem
Cais und gegenüber der großen Uhr mit der amtlichen Zeit,
die »befiehlt, bestimmt, sagt, daß es jetzt dort jetzt ist.«[2] Die
Stadtverwaltung hat das ehemalige *Hotel Bragança* gekauft,
um ein Eça-Museum einzurichten – bei dem Projekt handelt
es sich jedoch um eine Verwechslung mit dem anderen, ehedem gleichnamigen Hotel in der Rua Vítor Cordon.[3]
Auf seinen Spaziergängen wandert Ricardo Reis immer erst
einmal »die Rua do Alecrim hinauf«, vorbei am ehemaligen
Hotel Central an der Praça Duque da Terceira, das Literatur-
geschichte schrieb. Eça de Queiroz hat mit *Die Maias* nicht
nur ein großes Sittenbild des ausgehenden 19. Jahrhunderts
entworfen – es ist das zentrale Werk der portugiesischen Li-
teraturdebatte. Im eleganten *Central* findet ein großer Streit

mit anschließender Schlägerei zwischen einem romantisch-patriotischen Lyriker und einem Vertreter des Realismus statt. »›Aber Kinder, Kinder, hier, im Hotel Central! Gerechter Gott! Hier im Hotel Central!‹«[4]

Ricardo Reis ist zwar auf der Suche nach Pessoa, doch erst einmal begegnet ihm auf Schritt und Tritt Eça, der große Romancier – ohne den ein Pessoa nicht möglich gewesen wäre. Am *Largo do Barão da Quintela* sieht er die Statue Eças, dem der Bildhauer Texeira Lopes zur Inspiration und zur Enthüllung im Jahr 1903 eine kaum verhüllte Muse schenkte: die Wahrheit. Eingemeißelt ist das Zitat: »Über der klaren Nacktheit der Wahrheit der durchsichtige Schleier der Phantasie.«

Bald schon hat Reis die halbe Höhe erreicht. Links auf der *Praça Luís de Camões* sieht er das Denkmal für den Verfasser des großen Nationalepos *Die Lusiaden* nach dem Muster von Vergils *Äneis*. »Bei diesem haben sie nicht daran gedacht, Verse in den Sockel zu meißeln, und wenn sie es täten, welcher wäre es, hier, in tiefem Schmerz, mit traurigem Klang.«[5] Doch Eça ehrt den »ritterlichen Dichterfürsten« in *Das Verbrechen des Paters Amaro*: »Die Hand am Schwertgriff, sein Heldengedicht an die Brust gepreßt, stand er da, und um ihn herum die heroischen Sänger des alten Vaterlandes, des Vaterlandes, mit dem es aus war für immer, des Vaterlandes, das nur noch von stolzen Erinnerungen zehrte.« Die Örtlichkeit jedoch gereicht dem Barden nicht zur Ehre: »Unheimlich wie geöffnete Kloaken wirkten die auf den Platz mündenden engen Gäßchen, in denen das Verbrechen und die Prostitution nisteten.«[6]

Rechts disputiert der Mönch auf seinem *Largo do Chiado*, gesäumt von der Barockkirche Loreto und Nossa Senhora de Encarnação im Rokokostil, und nur wenige Meter entfernt sitzt Fernando Pessoa in nachdenklicher Bronze vor

Der Chiado, Heimat der Literaten

dem Café *A Brasileira*. Das traditionsreiche Café mit dem Jugendstileingang wurde 1905 als Ladengeschäft für brasilianischen Kaffee gegründet und bald darauf zu einem Kaffeehaus umgestaltet, »mit durch die Luft schwebenden griechischen Tempeln an den Wänden und der schweren Uhr von A. Romero hinten im schmalen Saal, die von der Zeit trank wie die Gäste von dem schwarzen, süßen Todestrank in den kleinen, weißen Tassen«.[7] Es wurde zum Treffpunkt der Modernisten – darunter Almada Negreiros, Sá-Carneiro, Pintor und Pessoa –, die einst auch dort von Almada im Bild festgehalten waren; die Gemälde sind nun Teil der Gulbenkian-Sammlung.

In diesem Café trafen sich am Morgen des 28. April 1974 zwanzig Literaten und Intellektuelle – unter ihnen Fernando Namora, Curt Meyer-Clason, Cardoso Pires, Herberto Helder – und brachen zur Begehung des ehemaligen Hauptquartiers von Salazars Geheimpolizei PIDE auf. Sie gingen die **Rua António Maria Cardoso** hinunter, »der Straßenname ist seit Jahrzehnten Synonym für PIDE, Ort der Ängste und Schrecken«.[8] »Hier waren die Räume des Wartens, der Empörung, der Furcht, dort die Räume für die Verhöre und die Folter. [...] Man hört Schreie, die nicht schreien, Schritte, die nicht von der Stelle kommen.«[9] Das Gebäude soll in einen Wohn- und Ladenkomplex umgebaut werden, doch bislang ist an der Fassade der Nr. 18-26 noch eine Gedenktafel für die Lissabonner angebracht, die am Morgen des 25. April 1974 dort erschossen wurden. »Es war Frühling, und die Hauptstadt rief vor den in einer Kaserne zusammengedrängten Herren die Nelkenrevolution aus.«[10] Sehr eindrücklich beschreibt auch Antunes in *Fado Alexandrino* das Ende des Estado Novo.[11]

Am **Teatro Municipal São Luiz**, an dem einst die Duse und die Bernhardt gastierten, führt die **Travessa dos Teatros** zum restaurierten *Largo São Carlos* mit dem gleichnamigen klassizistischen Theater, das 1792 an der Stelle des beim Erdbeben eingestürzten Opernhauses erbaut wurde; es ist der Mailänder Scala sowie dem Neapolitaner San-Carlo-Theater nachempfunden. Hier traten unter anderem Caruso, Liszt und Toscanini auf. Im Haus Nr. 4, damals hieß der Platz noch Largo do Directório, wurde 1888 Fernando Pessoa geboren.

In der *Rua Serpa Pinto* sind in einem ehemaligen Kloster drei wichtige Institutionen untergebracht: die 1836 gegründete Kunstakademie Academia Nacional das Belas-Artes, die Biblioteca Popular (einst die Nationalbibliothek mit Pessoas Nachlaßtruhe) und das *Museu do Chiado* (das ehemalige Nationalmuseum für zeitgenössische portugiesische Kunst mit Werken von 1850 bis 1950), das in den neunziger Jahren im Zuge des Chiado-Wiederaufbaus umgestaltet wurde.

Wir gehen an der *Rua Vítor Cordon* nach links. Die frühere Rua Ferragial de Cima, wo Eça im Haus Nr. 3 wohnte, war einst eine Meile mit literarischen Treffpunkten wie dem *Hotel Bragança* in Nr. 41-45. Dort trafen sich »Die Besiegten des Lebens«, ein Kreis um Eça de Queiroz, Ramalho Ortigão und Fialho de Almeida, und ließen sich beim opulenten Abendessen über das Ende aller Hoffnungen aus. Auch Pessoa verkehrte in dieser Straße gerne in der Cervejaria.

Wir kommen zum *Largo da Academia Nacional das Belas-Artes*, genießen dort den schönen Blick auf den Fluß und gehen weiter durch die *Rua Ivens*; in Nr. 37 hat noch heute der 1846 von Garrett, Pereira und Herculano in der Parallelstraße Rua dos Duques de Bragança gegründete *Grémio literário* seinen Sitz.

Wir sind wieder in der *Rua Garrett*, dem Hauptnerv des Chiado, dem »Meridian der Literaten«,[12] benannt nach dem

Dichter und Politiker Almeida Garrett, der unter der liberalen Maria II. wirkte und das portugiesische Theater wegweisend beeinflußte. Rua Garrett hieß: Hotels, literarische Cafés und Treffpunkte der Salonwelt. Für Eça war sie Seelentrost und *die* Flaniermeile schlechthin, und wenn er nicht in Begleitung seiner Romanhelden durch die Stadt schlenderte, ließ er sie im *Hotel Universal* logieren oder reservierte für sie im *Ferrari* »einen Tisch für bestimmte Dialoge und Szenen für ein weiteres Kapitel«,[13] zum Beispiel in *Die Hauptstadt*: »Hell lag der Chiado in seiner belebtesten Tagesstunde vor ihnen. Artur richtete sich im Wagenpolster auf und verschlang mit den Augen all jene Örtlichkeiten, die ihm lieb und teuer waren: die Casa Havaneza, das Fenster seines Zimmers da oben im ›Universal‹ [...] und den Baltresqui mit den Zwei-Uhr-Lunchs [...]. Und er biß sich vor Erregung auf die Lippen, als er das Plakat vom São Carlos erblickte: im Geiste sah er noch einmal den Kronleuchter, die breite Bühne, die Chöre. Andere Wagen mit livrierter Dienerschaft rollten jetzt dorthin – und er mußte abreisen!«[14]

Am *Largo do Chiado* nehmen wir den Weg des Ricardo Reis wieder auf und biegen rechts in die Straße ein, »die Misericórdia heißt, Barmherzigkeit, die ehemalige Rua do Mundo, die Straße der Welt, leider kann man nicht alles haben und nicht zur gleichen Zeit, entweder die Welt oder die Barmherzigkeit«.[15] Benannt war die Straße nach der republikanischen Zeitung *O Mundo*, die in Nr. 95 verlegt wurde. Wir kommen vorbei an Buchhandlungen, Verlagen, Druckereien, Bindereien und am ältesten Restaurant Lissabons, dem *Tavares*. Gegründet 1874, wurde es um die Jahrhundertwende zum Lebensmittelpunkt der Lissabonner Boheme; heute ist es ein Edelrestaurant, »tausend Spiegel und ein Schrank voll Gold«.[16] Dorthin schlendert Eças Ega (*Die Maias*), auch sein Artur Corvelo »eilt« dorthin (*Die Hauptstadt*). In Sá-

Carneiros Kurzroman *Lucios Geständnis* erfährt Lucio Vaz dort von seinem späteren Rivalen Sergij Warginsky zum ersten Mal Näheres über die Frau seines Freundes Ricardo und seine spätere Geliebte Marta. Es ist die Geschichte einer erotischen Besessenheit, sie handelt von einem Mörder, der starb, von einem Opfer, das verschwand, und von einem Mord, der nicht begangen wurde, und ist insofern eine »echte« Lissabonner Geschichte, angesiedelt im Zwischenreich von Phantasie und Sinnlichkeit.

Bald stehen wir vor der schmucklosen Fassade der Jesuitenkirche *Igreja de São Roque*, innen aber ist sie üppigst ausgestattet: Die Capela de São João Baptista, im Auftrag Joãos V. von 1742 bis 1750 von Salvi und Vanvitelli in Rom gefertigt, ist über und über mit Lapislazuli, Gold und Marmor geschmückt. In der Capela de São Roque, im 16. Jahrhundert dem Pestheiligen Rochus geweiht, sind prächtige Kachelbilder erhalten. Diese Schätze sind neben Gold- und Silberschmiedearbeiten aus dem 16. und 17. Jahrhundert und Werken manieristischer portugiesischer Malerei im angeschlossenen *Museu de Arte Sacra* zu bewundern.

Hinter dem *Largo Trindade Coelho* mit der Statue des Losverkäufers, eines typischen Bestandteils lusitanischen Lebens – *O cauteleiro* –, geht die Straße in die *Rua de São Pedro de Alcântara* über, zu Eças Zeiten eine beliebte Promenade, die er Seite an Seite mit seinen Helden durchwanderte: »Die Bäume von São Pedro de Alcântara, die schmalen Fassaden des Moinho de Vento, die schlummernden Gärten der Patriarchal. Die Nacht war windstill, von weicher Wärme; und ohne zu wissen, warum, wünschte sie ewig so über die Straßen dahinzurollen, zwischen Einzäunungen, die das Laubwerk vornehmer Landgüter füllte.«[17] Wir gehen zum gleichnamigen *Miradouro* mit dem Jardim do António Nobre, der mit baumbeschatteten Bänken, einer gekachelten Orientierungsmarke und einem wunderbar weiten Blick zum Verweilen einlädt. »Als er an São Pedro de Alcântara vorbeikam, trat er unter die Bäume und lehnte sich ans Gitter. Unten, im dunklen Tal, dehnte sich die Stadt, übersät von den Lichtpunkten, die die erleuchteten Fenster ausstreuten, und in der Dunkelheit bildeten die Dächer und Gebäude einen Klumpen noch dichterer Schatten. Die Lichter dort unter den Dächern, welche Fülle überschäumenden Lebens mochten sie bedeuten! [...] Wie herrlich bist du Lissabon!«[18] findet Artur Corvelo. Das Denkmal im Park stellt Eduardo Coelho dar, den Gründer der großen Tageszeitung *Diário de Notícias*, und einen Zeitungsjungen.

Um es gleich vorwegzunehmen: Der Begriff »Miradouro«, »goldene Sicht«, ist ein Superlativ – jeder Aussichtspunkt ist der schönste. Schräg gegenüber diesem schönsten Miradouro also verbirgt sich in der Rua de São Pedro de Alcântara 45 das sogenannte Portwein-Institut, gewissermaßen eine Außenstelle der Portoenser Institution *O Solar do Vinho do Porto*. Dort kann man in bequemen Fauteils und bei gedämpftem Licht Portweine aller Jahrgänge, Marken, Geschmacksrichtungen und Farbnuancen aus geschliffenen Kelchen kosten. Um 1750 wurde der unscheinbare Palácio Ludovice von dem Regensburger Johann Friedrich Ludwig erbaut, der sich in Portugal als João Frederico Ludovice, Baumeister des Konvents von Mafra, einen Namen machte.

Zu Fuß über die Treppen oder nach eingehendem Portweinstudium eher mit dem rumpelnden »Ascensor«, geht es die *Calçada da Glória* hinunter zur *Praça dos Restauradores* mit dem Palácio Foz aus dem 18. Jahrhundert (heute u. a. die Touristeninformation), wo Pessoa gerne im *Maxim's*, dem »Clube dos Restauradores«, zu Gast war. Das von ihm ausführlich beschriebene Interieur mit Dekorationen von

Columbano Bordalo Pinheiro im ersten Stock ist zwar erhalten, aber leider nicht zu besichtigen. Am Platz findet sich auch das *Avenida Palace*, in dem es sich schon Felix Krull gutgehen ließ, ein Luxushotel, das 1892 vom Rossio-Architekten José Luís Monteiro erbaut wurde und noch den weltläufigen Glanz vergangener Zeiten ausstrahlt. »Schöne französische Fauteuils umstanden in behaglicher Distinktion ein ovales Tischchen mit Spitzendecke unter einer Glasplatte, auf der man zu gefälliger Erfrischung des Gastes ein wohlassortiertes Fruchtkörbchen nebst Obstbesteck vorbereitet hatte – zu verstehen als Artigkeit der Hoteldirektion.«[19]

Unterhalb des Platzes liegt die **Estação do Rossio**, der 1890 erbaute exotisch-eklektizistische Bahnhof mit neomanuelinischen Jugendstiltoren in Hufeisenform und neomaurischen Fensterlaibungen. Der Bahnhof ist in den Berg geschlagen und über einen langen Tunnel, der bei Campolide endet, mit dem Streckenkörper in Richtung Nordwesten verbunden.

Wir gehen hinter dem Rossio-Platz die **Rua 1° de Dezembro** entlang, einst eine Straße voller Lokale, heute mit vielen Läden. Doch das *Leão de Ouro*, wo Mitte des 19. Jahrhunderts ein Künstlerzirkel des »revolutionären Bohemiens« Cesário Verdes tagte, gibt es noch immer, auch Antunes' Barbier mit den weichen, heißen Händen (*Der Judaskuß*) geht noch zu Werke. An dem Plätzchen mit dem Zeitungskiosk *Adamastor* gehen wir durch die **Rua Áurea** zum **Elevador de Santa Justa**, einem Aufzug in einem freistehenden filigranen Turm – ein originelles Werk des Eiffel-Schülers Mesnier de Ponsard. Von der Aussichtsplattform und dem Café hat man einen schönen Blick auf die Baixa. Der Fußgängersteg schafft eine Verbindung zum **Largo do Carmo** mit dem sehenswerten Brunnen und dem Karmeliterkloster, nach der siegreichen Schlacht von Aljubarrota von Joãos I. Feldherr Nuno

Álvares gestiftet. Die Ruine der dreischiffigen Kirche, die dem Erdbeben zum Opfer fiel, ließ man zum Gedenken stehen. Im Kloster ist heute das Städtische Archäologische Museum beheimatet.

Vorbei am Eckhaus Nr. 18, wo Pessoa zeitweise wohnte, kommen wir durch die *Rua da Trindade* mit der Kachelfassade von Ferreira das Tabuletas aus dem 19. Jahrhundert zum *Largo Rafael Bordalo Pinheiro*, wo der berühmte Karikaturist des ausgehenden 19. Jahrhunderts lebte. Bordalo schuf den »Zé Povinho«, den »kleinen Mann«, und dessen geduldige Frau Maria (sein Werk ist im Museum am Campo Grande zu sehen). In der Nr. 4 debattierten zu Eças Zeit die Intellektuellen im *Casino lisbonense* über die Ästhetik des Realismus und die nötige Öffnung des Landes nach Europa; noch heute trifft sich hier ein Club zu Ehren Eças und seiner »Besiegten des Lebens«.

Wir kommen zur *Rua Nova da Trindade* mit dem Teatro da Trindade und der Art-deco-Fassade des ehemaligen Teatro Ginásio. Bei einem Schlenker nach rechts zieht es uns in die *Cervejaria da Trindade*. Das beliebte Bierlokal im Refektorium und Kreuzgang des ehemaligen Trindade-Klosters – Sitz der Inquisition vor ihrem Umzug an den Rossio – bietet neben schönen Azulejos von Ferreira das Tabuletas auch interessante »petiscos«, kleine Häppchen wie zum Beispiel Entenmuscheln zum Bier.

Frisch gestärkt erreichen wir wieder den *Largo do Chiado*. Nachdem wir mit Saramago und Ricardo Reis hinaufgegangen sind, beginnen wir mit José Cardoso Pires den Abstieg zum Tejo: »Die Rua do Alecrim hinuntergehen [...]. Ich lasse den bronzenen Camões mitten auf dem Platz zurück (stets mit einer Taube auf der Schulter, ich habe nie begriffen, wieso) und beginne mit dem Abstieg.«[20]

Unser Spaziergang klingt am *Cais do Sodré* aus, vielleicht

bei einem Glas Ginger Ale vom Faß in der *British Bar* vor der berühmten Uhr, die rückwärts läuft. »Ein Engländer habe ihm erklärt, es müsse etwas mit der Art und Weise zu tun haben, wie Kenner Portwein einschenken, gegen den Uhrzeigersinn.«[21] Jedenfalls ist man in den Bars am Kai niemals davor gefeit, »einen herumtreibenden Dichter vor den Bug zu bekommen«.[22]

Exkurs: *Die Konjunktion des Glücks*
Kaffee und Literatur

»Eine Dreieinigkeit, deren Einheit das Höchstmaß des Glücks für mich bedeutet«,[1] nannte Pessoa den gleichzeitigen Genuß von Kaffee, einer Zigarette und einem Kriminalroman. Dieses Glück fand er im *A Brasileira*, im *Chiado*, im *Montanha*, im *Martinho*, aber auch in den Cafés am Rossio. »Bis zum Tod des Salazarismus war der Rossio [...] der Ort der literarischen und politischen Stammtische. Da gab es den im Café Portugal, wo von der Diktatur überwachte Schriftsteller Tisch an Tisch mit unstet blickenden Polizisten saßen. Da war der im Chave de Ouro, wo Jorge da Sena und Casais Monteiro ganze Nachmittage bis zum letzten Vers miteinander verbrachten [...]. Der Rossio und das Café Gelo, der Schützengraben der Surrealisten.«[2] Viele alte Kaffeehäuser am Rossio gibt es nicht mehr, das *A Brasileira* nicht und das *Martinho* nicht, doch es blieben das *Suiça* und das *Nicola*, »wo Bocage zwei Jahrhunderte zuvor seinen Literatenstammtisch hatte und wo er zwischen Reimen und Pamphleten gegen die Gesellschaft der Polizisten und denunziantischen Mönche konspirierte«,[3] heute ist er dort in Bronze verewigt.

Kaffeehauskultur, Politik und Literatur sind in Europa und

besonders in Lissabon untrennbar miteinander verbunden. Schon in der frühbürgerlichen, aufgeklärten Öffentlichkeit des Kaffeehauses wurde debattiert und räsoniert, und im Pariser *Café des Patriotes* wurde sogar die Französische Revolution ausgerufen. Es wurde dort gelesen und geschrieben, und bis in die fünfziger Jahre des letzten Jahrhunderts fand sich kaum ein Schriftsteller, der nicht in einem Kaffeehaus seine Heimat gehabt hätte. Das *Les Deux Magots* erinnert an Camus, Sartre und Beauvoir; Voltaire und Molière verkehrten im *Café de Procope*, und beim *Gran Caffè Florian* denkt man an Byron, Dickens und Proust in Venedig, wo, begünstigt durch den Handel mit dem Orient, die ersten »boteghe del caffè« entstanden. Italienische Kaffeesieder waren es auch, die das neuartige, stimulierende Heißgetränk, das den Magen stärkt, den Geist erquickt, wach macht und wach hält, in die europäischen Metropolen trugen.

Das *Martinho da Arcada*, das älteste Kaffeehaus Lissabons, wurde 1782 von einem Italiener gegründet und von Marquês de Pombal höchstpersönlich eingeweiht. Der »botequim« wurde Anfang des 19. Jahrhunderts zum Treffpunkt für Künstlerzirkel. »Jeder Kreis war vom nächsten durch Tischreihen, an denen die keinem Kreis zugehörigen Gäste saßen [...], strategisch abgesondert. Man könnte diese Kreise Festungen in ständigem Belagerungszustand nennen, obgleich sie sich durch die Art, wie sie ihr Gebiet absicherten, gegenseitig neutralisierten.«[4] Es war ein Ort der »Literaten und Jakobiner, angezogen vielleicht von dem heimlichen Spiel, das dort gespielt wurde. Möglicherweise verkehrte dort auch Bocage vor seiner Café-Nicola-Phase«.[5] Hundert Jahre später konspirierten dort Republikaner und Freimaurer, der Stammgast Bernardino Machado wurde Außenminister der ersten Regierung der Republik – und das Kaffeehaus wurde zum Nationalmonument erhoben.

Eça de Queiroz, Césario Verde und Teófilo Braga, Staatspräsident der Übergangsregierung, verkehrten dort, auch der Arzt und Autor Fernando Namora, der den Protagonisten seines autobiographisch geprägten Romans *Der traurige Fluß* einen Krimi mit Tatort Café schreiben läßt. Im Kritiker des Romans im Roman erkennt man unschwer den unscheinbaren Mann mit der randlosen Brille, von dem an der Theke des Cafébereichs ein Kachelbild hängt – denn auch er, Pessoa, verkehrte dort. Still saß er am immergleichen Marmortischchen und beschrieb Zettel um Zettel. Der Tisch mit Tasse und Macieira-Glas steht im Restaurant, überhaupt ist dieser Raum erfüllt von Pessoa, und der geneigte Leser darf sich in feierlicher Andacht sowie in Fotos und Texten ergehen.

Bevor das *Martinho da Arcada* Pessoas Stammlokal wurde, sah man ihn in anderen »Oasen lärmender Nutzlosigkeit«,[6] im *Martinho do antigo Largo Camões* – wie die Praça Dom João da Câmara in der Verlängerung des Rossio früher hieß –, wo er sich oft mit Santa-Rita Pintor, Luís Ramos, José de Almada Negreiros und vor allem mit Mário de Sá-Carneiro traf, um »die Druckfahnen dessen Bücher und ihrer [gemeinsamen] Zeitschrift *Orpheu* durchzusehen«[7] – einer der letzten Literatenzirkel, die an den Tischen des Martinho Aufsehen erregten. Das »echte Martinho, wo Lissabon verkehrte und wo es sich im Spiegel sah, wohin alle Wege führten und wo alle Abenteuer möglich waren«,[8] dieses *Martinho* war hundertfünfzig Jahre lang das wichtigste Haus der Dichter und Denker Lissabons. »Er brannte darauf, das Martinho kennenzulernen! Mit all den Zylinderhüten, die sich dort unter einer Wolke von Tabakrauch im nicht abreißenden Lärm der Unterhaltung zwischen den vergoldeten Spiegeln drängten, erschien es ihm hochelegant. Er wagte sich nicht hinein. Am Eingang stand eine Gruppe schwatzender Leute, und Artur betrachtete sie ehrfurchtsvoll von weitem und dachte, daß es wohl Dichter und Staatsmänner sein müßten ... Er spürte plötzlich den erregenden Hauch einer intellektuellen Atmosphäre; er wollte sich in dieses Treiben stürzen, Anschluß finden, sich mit Genuß an Diskussionen über Kunst und Ideale beteiligen, ebenfalls ›à la Lissabon leben‹!«[9] Ende der sechziger Jahre mußte es einer Bank weichen und teilte damit das Schicksal ungezählter anderer Kaffeehäuser, die durch ihre zentrale Lage begehrte Schnäppchen für Investoren waren. Die Besitzer ließen sich gerne ausbezahlen, denn viel Geld ist mit Kaffee nicht zu verdienen, kostet ein Täßchen auch heute noch nicht einmal einen Euro.

Doch hier und da ertönten auch Aufschreie, Initiativen zum Erhalt dieser Kulturdenkmäler wurden gegründet. Sie retteten das *Martinho da Arcada* und das *A Brasileira*, »Symbol für das Leben und die Zeit des eleganten Chiado. [...] Letzte Verbindung zu einer schillernden Vergangenheit«.[10] Von den knapp achtzig Lissabonner Kaffeehäusern, die Marina Tavares Dias aufführt, gibt es kaum noch ein Dutzend, und selbst wenn keines im ursprünglichen Zustand erhalten ist, laden sie doch zum Verweilen ein, zum Lesen und zum Träumen, und mittlerweile werden sie auch wieder von literarischen Aktivitäten belebt, so tagt beispielsweise donnerstagnachmittags im *Martinho* das *Convívio poético*.

Im Kaffeetrinken ist der Lisboeta übrigens Individualist, er bevorzugt seinen Kaffee von einer bestimmten Marke (z. B. *Delta*, *Nicola* oder *A Cafeeira*) und diesen in einer bestimmten Kaffee-Wasser-, Kaffee-Milch- oder Kaffee-Schnaps-Mischung. Er genießt ihn zu jeder Tages- und Nachtzeit, am liebsten etwa als:

uma bica (um café)
kleiner Schwarzer
um italiano
stärkerer, noch kleinerer Schwarzer
um abatonado
verlängerter Schwarzer
uma carioca oder *uma bica cheia*
stark verlängerter kleiner Schwarzer
um garoto escuro oder *um pingado*
Schwarzer mit einem Schuß Milch
um café duplo
doppelter Schwarzer
um garoto claro
Schwarzer mit etwas mehr Milch
um galão (escuro oder *claro)*
Schwarzer mit etwas weniger oder etwas mehr aufgeschäumter Milch, im Glas serviert
uma meia de leite
doppelter Schwarzer in der großen Tasse, mit Milch und wenig Schaum aufgefüllt (etwa halb Kaffee, halb Milch)
uma bica (um café) com cheiro oder *cheirinho*
Schwarzer mit einem Schuß Schnaps

»*Der siebte Hügel*«
Bairro Alto und Rato

»Niemand wird eine Stadt kennenlernen können, wenn er [...] sich nicht den Zufällen überläßt, die sie unvorhersehbar machen und ihr das Geheimnis ihrer ureigenen Einheit verleihen.«[1] Kaum ein Viertel Lissabons eignet sich besser, um sich treiben und hier und da auch an eine Kneipe, eine Boutique oder eine Galerie anschwemmen zu lassen, als der Bairro Alto, der »siebte« Hügel, die »Oberstadt«; trotz des Gitterrasters aus längs verlaufenden Straßen und querenden Gassen ist sie in ihrer labyrinthischen Enge und bunten Vielfalt so ganz anders als die großzügig angelegte Unterstadt. Dereinst außerhalb der Fernandinischen Mauer gelegen, die an der Rua da Misericórdia entlanglief, wurde auf dem Hügel Landwirtschaft betrieben; noch heute erinnern Straßennamen wie Travessa da Horta, Rua Nova do Loureiro oder Rua da Vinha daran. Mit der Seefahrt kam der Aufschwung; es brauchte mehr Platz für Handel und Handwerk und weiteren Wohnraum. Der Hügel über der Baixa bot sich als Baugrund an, die »Neustadt« entstand und mit ihr, von Anfang an, ein Amüsierviertel mit Schenken, Spelunken, Spielhöllen und Bordellen. Mitte des 18. Jahrhunderts war das Viertel zwischen Chiado, Rato und São Bento äußerst beliebt, es war aber auch so dicht bevölkert, daß die Menschen fast im Dreck erstickten und erstmals Verordnungen erlassen werden mußten, um Abhilfe zu schaffen. Als einer der wenigen Stadtteile blieb der Bairro vom Erdbeben verschont, die Bausubstanz ist weitgehend erhalten, auch, so mag es scheinen, die bunte Mischung seiner Bewohner – Kleinhändler, Handwerker, Kneipiers, Bohemiens.

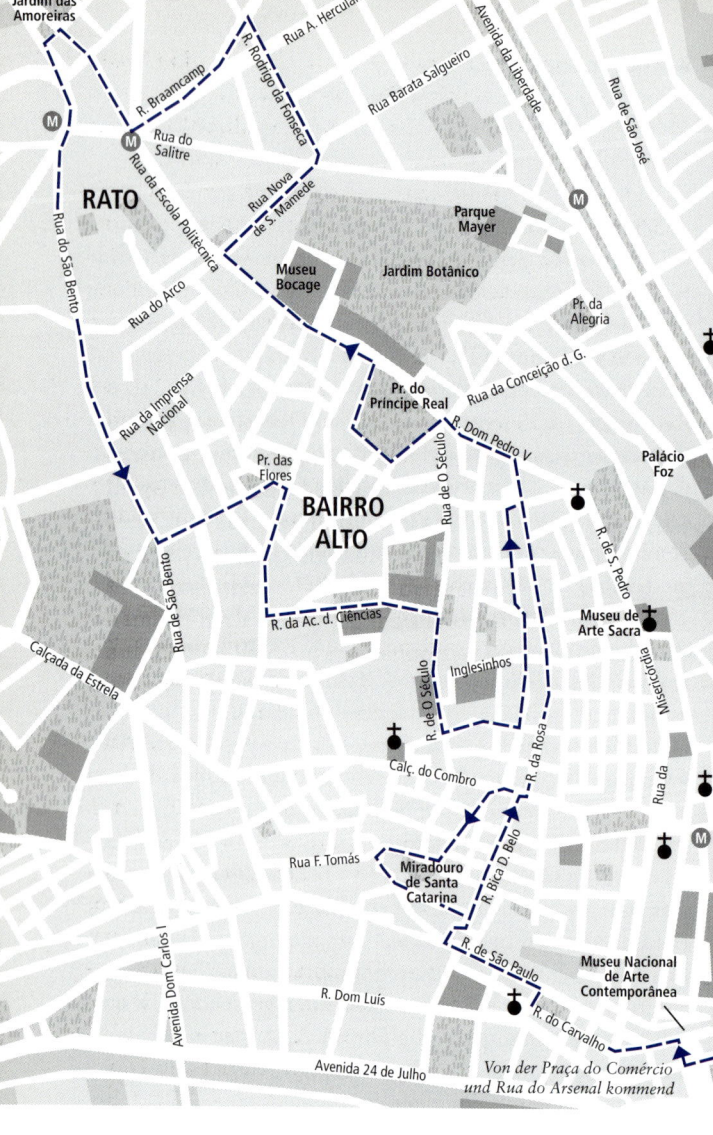

Jardim das
Amoreiras

Rua A. Herculano

Rua Barata Salgueiro

Avenida da Liberdade

Rua de São José

R. Braamcamp

R. Rodrigo da Fonseca

Rua do
Salitre

Rua da Escola Politécnica

RATO

Rua do São Bento

Rua Nova
de S. Mamede

Parque
Mayer

Museu
Bocage

Jardim Botânico

Pr. da
Alegria

Rua do Arco

Rua da Imprensa Nacional

Pr. das
Flores

Pr. do
Príncipe Real

Rua da Conceição d. G.

R. Dom Pedro V

Palácio
Foz

BAIRRO
ALTO

Rua de O Século

R. de S. Pedro

Museu de
Arte Sacra

Rua de São Bento

R. da Ac. d. Ciências

Calçada da Estrela

Inglesinhos

R. de O Século

R. da Rosa

Misericórdia

Rua da

Calç. do Combro

Rua F. Tomás

Miradouro
de Santa
Catarina

R. Bica D. Belo

Avenida Dom Carlos I

R. de São Paulo

Museu Nacional
de Arte
Contemporânea

R. Dom Luís

R. do Carvalho

Avenida 24 de Julho

*Von der Praça do Comércio
und Rua do Arsenal kommend*

Wir beginnen unseren Spaziergang an der *Praça do Comércio* und kommen durch die *Rua do Arsenal* zur *Praça do Município* mit dem klassizistischen (ehemaligen) Rathaus *Câmara Municipal*. Die breite Treppe und die Malereien sind beeindruckend. Links sehen wir die Fassade der *Capela de São Julião*, und auf der Platzmitte prangt der neomanuelinische *Pelourinho*, dessen drei ineinander verschlungene Säulen von einer Armillarsphäre gekrönt werden. Der »Pranger« wurde als solcher nie genutzt, wohl aber symbolisiert er die Gerichtsbarkeit.

Durch die *Rua do Arsenal* zieht sich ein intensiver Geruch nach Portugal: »Ein gefülltes Arsenal, in der Tat. Die Läden fungieren als Lager für die unerläßliche Munition zur Verteidigung der portugiesischen Spezies, zum Schutz ihrer Identität.«[2] Diese Munition liefert der Bacalhau, der »treuste Freund« des Portugiesen, der in den ungezählten Geschäften entlang der Straße feilgeboten wird.

Am *Largo do Corpo Santo* biegen wir in die gleichnamige Straße ein und kommen durch die Rua Nova do Carvalho in die *Travessa do Carvalho* mit dem doppelstöckigen Bau der ehemaligen kostenlosen öffentlichen Bäder in Nr. 21-25, wo die Umstürzler 1910 im Dampf des noch unverschmutzten Tejo-Wassers konspiriert haben sollen, um schließlich am 5. Oktober vom Balkon des Rathauses die Republik auszurufen. Heute hat dort die Architektenkammer ihren Sitz.

In der *Rua de São Paulo* nehmen wir die Standseilbahn *Ascensor da Bica*, »die zwischen der Wäsche vor den Fenstern, den Gesprächen von Tür zu Tür und sich balgenden kleinen Jungen gleichmütig hinauf- und hinunterfährt. Sie ist ein heiteres Gefährt, eine Institution der Nachbarschaft. Manchmal reicht jemand aus einer Taverne dem Fahrer ein Bier, und der Mann führt die Flasche an den Mund und trinkt mit kleinen Schlucken, damit das Bier bis zur Rückfahrt reicht.«[3] Die Bahn fährt durch die **Rua da Bica Duarte Belo** und durch eine der pittoreskesten Ecken der Stadt, wo es vornehmlich »Treppgäßchen« gibt, nach Calhariz. In diesem Viertel befindet sich die Buchhandlung von Senhor Assumpção, der seiner Angestellten Júlia, Protagonistin in Lídia Jorges Roman *Nachrichten von der anderen Seite der Straße*, Gedichte vorliest. »Die Bücher von Senhor Assumpção konnten nicht zum himmlischen Paradies gehören, und wenn doch, dann waren sie nicht so attraktiv wie der Apfel.«[4] Sie gibt seinem Begehren am Ende nach, liebt aber einen labilen Bildhauer, der sich nach Italien abgesetzt hat, und trauert um ihn, »wenn die Sonne herauskam und die Rua do Calhariz sich in ein fernes Winken aus Bella Italia verwandelte«.[5]

Die obere Station liegt am Largo do Calhariz, am Übergang der **Calçada do Combro** zur **Rua do Loreto**, die, man erinnert sich, in die Praça Luís de Camões mündet. »Wenn ich mich auf dem Heimweg der Rua do Norte näherte, hörte ich gleich auf dem Platz mit meiner Statue in der Mitte trotz der Motoren in den Schlosserwerkstätten, des Knallens der Poliertücher der Schuhputzer und des Hämmerns der Tischlereien das mondäne Beben der bei Verdauungsschwierigkeiten nie versagenden Glyzinien, die voller Gier nach auf den Dächern vergessenen Taubeneiern gegen die Bretter des Balkons kämpfen«,[6] läßt Antunes seinen Luís in *Die Rückkehr der Karavellen* sagen.

Wir biegen »rechts und links in die krampfartigen Gassen der Oberstadt ein, in die Aneurysmen der Gäßchen, die Schwellungen der Treppchen«,[7] beispielsweise in die **Rua da Rosa**, den Nerv des Viertels, und lassen uns mit Dinis Machado – der dem Bairro und dessen Bewohnern, liebenswerten skurrilen Helden und Antihelden, mit seinem Prosastück *Molero und die verrückte Welt* ein Denkmal setzte – einmal nach rechts, dann wieder nach links durchs schillernde »Milieu« der kleinen Leute treiben. »Von dem Viertel, eingerahmt von der Stadt und diese vom Fluß, [...] haben wir als letztes Klischee ein Gedicht [...]. Das Gedicht lautet: Vergessene Tauben sitzen auf den Standbildern dieser alten, gescheiterten Stadt. Masten aus Schatten schreiben deinen Namen, und in jedem Buchstaben erkenne ich das Morgenrot. [...] Jede Straßenecke ist ein Kai, der auf dich wartet. Lichter und Laternen rufen nach dir‹.«[8]

Am Abend beschleunigt sich der gemächliche Schritt. Die engen Straßen um die Rua da Atalaia und die Rua da Barroca bereiten sich auf die Nacht vor, überall tun sich schillernde Lichtpunkte auf, einige hundert Bars und Restaurants für jeden Geschmack und jede Vorliebe locken mit ihren Angeboten, Menschen strömen durch das Viertel. »Jeder Trinker hat seine eigene Karte, jede Karte ihre Häfen, also hißt die Segel, auf geht's, die Nacht ist noch jung.«[9]

Oben stoßen wir auf die *Rua Dom Pedro V* und die Jugendstilbäckerei *Padaria São Roque*, auch »catedral do pão« genannt, »Kathedrale des Brotes«, wo man sich zwischen Säulchen und Azulejos eine Grundlage für den Studienaufenthalt im Portweininstitut (s. S. 25) oder das Bestaunen der vielen Kleinodien im *Pavilhão Chinês* schaffen kann. »Die Bar ging in einem eleganten, zweihundert Jahre alten Kolonialwarenladen vor Anker, und ich bin sicher, daß sie bei ihrer Ankunft noch den Duft nach Jasmintee darin vorfand. Man ließ den Namen, Pavilhão Chinês, chinesischer Pavillon, stehen, respektierte die Fassade, trug Reliquien zusammen, Zeichen der Kriege und der Herren Könige, baute einen Altar aus volkstümlichen Tonfiguren (Bordalo wieder einmal) und machte aus dem Ganzen eine Bar.«[10]

Folgen wir der Rua Dom Pedro V nach links, kommen wir auf die wunderschöne *Praça do Príncipe Real*, die 1859 zu

Ehren des Erstgeborenen von Maria II. eingeweiht wurde. Das Viertel wurde im ausgehenden 19. Jahrhundert als Nobelquartier angelegt, davon zeugen die umstehenden Herrenhäuser. Doch die Hauptattraktion ist der grandiose »Baldachinbaum« in der Mitte des Platzes, ein *Cypressus lusitanica*, dessen ausladende Krone von dreißig Metern Durchmesser von einem schmiedeeisernen Spalier getragen wird und den Parkbesuchern auf den alten Bänken Schutz vor Sonne oder Regen bietet. Pessoa berichtet, daß sich zu seiner Zeit unter dem Baum eine der sechs Bibliotheken befand, die der Stadtrat auf die Grünanlagen verteilt hatte.[11] Heute ist dort ein Wassermuseum zu besichtigen. Bei einem Gang um den Platz bieten sich aus Bogengängen und Hinterhöfen schöne Ausblicke auf den Fluß und Estrela im Westen sowie auf den Georgshügel und Santana im Osten.

Die Rua Dom Pedro V geht in die **Rua da Escola Politécnica** mit ihren neoklassizistischen Gebäuden über. Gegenüber der *Imprensa Nacional*, der Staatlichen Druckanstalt und Münzpräge, kann man in den Räumlichkeiten der ehemaligen naturwissenschaftlichen Fakultät eine kuriose Zeitreise in die Naturwissenschaften des 19. Jahrhunderts unternehmen und das *Museu Bocage* besichtigen – José Vicente Barbosa du Bocage, ein entfernter Vetter des Dichters Bocage, war ein angesehener Naturwissenschaftler. Rechts kommen wir in der Verlängerung der **Rua Nova de São Mamede** zur **Rua Barata Salgeiro**, wo Antunes' Häkeldeckchentanten wohnen. »In jedem Haus der Barata Salgeiro (traurig wie Regen auf einem Schulhof) wohnte eine alte Verwandte und ruderte mit dem Krückstock über Teppiche mit unzähligen chinesischen Vasen und vorbei an Schränken mit Intarsien, die ein Heer von Generationen spitzbärtiger Kaufleute dort zurückgelassen hatte wie an einem letzten Strand.«[12] In der nach Jakaranden duftenden **Rua Rodrigo da Fonseca**,

Straßenszene im Bairro

Ecke Rua Alexandre Herculano, befand sich die imaginäre Redaktion der *Lisboa* mit Pereiras Büro und natürlich das Café *Orquídea*, »das nur einen Katzensprung entfernt war, neben der jüdischen Fleischerei«,[13] ein Hinweis darauf, daß sich mit Pombals Manufakturen die jüdischen Seidenspinner, -weber und -kämmer dort niedergelassen hatten.

Durch die **Rua Braamcamp** mit ihren Jugendstilgebäuden und die **Rua Alexandre Herculano** kommen wir zum **Mercado do Rato** neben dem *Auto-Palace* mit der schönen Jugendstilfassade. Am **Largo do Rato** gab es schon im 17. Jahrhundert einen Brunnen – der heutige stammt von dem pombalinischen Architekten Carlos Mardel –, zu dem viele Wege führten; daraus entwickelten sich die zehn Straßen, die an dem belebten Platz zusammenlaufen. Hier war einst auch Pombals Azulejos-Manufaktur angesiedelt, heute sind in den Resten der royalen Gemäuer so populäre Lokalitäten wie die *Real Fábrica* und die *Pastelaria 1800* zu Hause.

Pombal ließ eine Maulbeerplantage im *Jardim das Amoreiras* neben dem 1752 geplanten, aber erst 1834 vollendeten schloßähnlichen Brunnenhaupt **Mãe d'Água** anlegen, dahinter baute er die Königliche Seidenmanufaktur, heute ist in den Räumen die *Fundação Arpad Szenes-Vieira da Silva* untergebracht. Die imposante Mãe d'Água diente als Depot für das Wasser, das über den **Aqueduto das Águas Livras** (s. S. 132 f.) zu den damals neunzehn Brunnen der Innenstadt, den »chafarizes«, geleitet wurde. Der Aquädukt biegt an Mardels Triumphbogen **Arco das Amoreiras**, der die **Rua das Amoreiras** überspannt, im rechten Winkel ab, das letzte Stück verläuft, geschmückt von Kachelbildern mit biblischen Motiven rund um das Thema Wasser, entlang der Straße. »Auf dem glatten Marmorpflaster der Amoreiras-Straße hinab, durch den Torbogen des Aquäduktes, tönt mein Schritt dumpf wie unter einer Glasglocke. Im geduckten Fenster einer alten, abgeblätterten Fensterfront hält eine alte Frau Ausschau, reglos, abwesend. Vom Rato-Platz, staubig wie die vergessene Dekoration eines Films, biege ich die São Bento hinunter, vorbei an winzigen Schaufenstern [...]. Auf der Straße Schattengestalten, nicht gehend, nicht stehend. In einem halbleeren Café mit klammem Fliesenfußboden trinke ich stehend eine Tasse Tee, fremd klebt der Zinnlöffel zwischen den Fingern, es ist still, Männer murmeln an der Theke, Wörter tropfen. Durch die enge Gasse, auch am hellichten Tag beschattet, wankt leise knirschend eine Straßenbahn um die Ecke.«[14]

Auch wir gehen die *Rua São Bento* hinab, vor dem Parlament im ehemaligen Benediktinerkloster biegen wir am Mercado links in die *Rua Nova da Piedade* ein und kommen zur *Praça das Flores*, zu einem »der schönsten und verträumtesten Winkel Lissabons [...], einem Platz, der mit einem niedrigen Eisengitter umzäunt war und in dessen Mitte ein Quellbrunnen stand, den Holzbänke umgaben, auf denen man saß und den Schatten der Platanen und Jakarandas, die Vogelgesänge und die zögerliche Freundschaft der Tauben genoß« und wo man sich vorstellen kann, wie Pessoa, der als Kind gleich an der Ecke in der Rua de São Marçal 104 wohnte, »mit seinem Dreirad allerneusten Modells Runden drehte.«[15] Die Zeit scheint stehengeblieben zu sein, und bei den Menschen auf den Bänken könnte man meinen, sie hätten hundert Jahre dort ausgeharrt. Selbst der Kiosk steht noch, einer von jenen, die früher über die ganze Stadt verteilt waren; dort gab es nicht nur Zeitungen – es war eine Art Nachbarschaftseinrichtung für die weniger Betuchten, die es sich nicht leisten konnten, ein Kaffeehaus zu besuchen, und sich dort auf ein Glas und ein Schwätzchen trafen.

Wir gehen durch die *Rua de São Marçal* zur Rua Eduardo Coelho und biegen vor Pombals Taufkirche, der Capela das

Mercês, in die stille **Rua da Academia das Ciências** mit dem Gebäude der 1779 gegründeten Akademie der Wissenschaften ein. An der Ecke zur **Rua de O Século** steht der Palácio Pombal (oder dos Carvalhos), wo der Marquês das Erdbeben überlebte; heute ist der Palast Teil des Konservatoriums. Benannt ist die Straße nach der großen konservativen Tageszeitung *O Século*, die gegenüber dem Palácio ihren Sitz hatte und deren Erscheinen nach der Nelkenrevolution eingestellt wurde. Überhaupt war und ist der Bairro das Zeitungsviertel, wie manche Straßennamen und die vielen Druckereien verraten.

Die ruhigen Straßen, gesäumt von herrschaftlichen Anwesen, versteckten Patios und verschwiegenen Travessas, bieten eine ganz andere Ansicht vom Bairro. Über die Serpentinen der **Rua João Pereira da Rosa**, vorbei am Konservatorium im ehemaligen Convento dos Caetanos und vorbei am Haus Nr. 6 mit den Gedenktafeln für die, die dort lebten und starben – Ramalho Ortigão verstarb dort –, kommen wir zur *Travessa dos Inglesinhos*. Oben in der **Rua Luz Soriano** befindet sich das **Hospital São Luís dos Franceses**, wo Fernando Pessoa 1935 starb. Im Eingang erinnert das kleine Strichporträt, das Almada Negreiros nach Pessoas Beerdigung zeichnete, an ihn. Almada verstarb übrigens 1970 im selben Krankenzimmer wie Pessoa.

Unterhalb des Spitals befindet sich in Merciers Roman *Nachtzug nach Lissabon* die »blaue Praxis« des Arztes Amadeu de Prado, der gegen das Salazar-Regime gekämpft hatte. Prados Buch *Um ourives das palavras*, »Ein Goldschmied der Worte«, wurde dem Berner Lateinlehrer Gregorius vom Zufall in die Hände gespielt und sollte dessen Leben von Grund auf verändern. Er verläßt den Unterricht, reist nach Lissabon und macht sich auf die Suche nach diesem Mann. »Mit pochendem Herzen hatte Gregorius die Tür mit dem Messingklopfer betrachtet. Als läge meine ganze Zukunft hinter dieser Tür, hatte er gedacht. Dann war er ein paar Häuser weiter in die Bar gegangen und hatte gegen das bedrohliche Gefühl angekämpft, daß er dabei war, sich zu entgleiten.« Im Bairro liegt auch das Antiquariat von Simões, der Gregorius auf Prados Spuren hilft. »Gregorius blieb lange im Antiquariat. Eine Stadt durch die Bücher kennenlernen, die es da gab – so hatte er es immer schon gemacht.«[16]

Am Spital vorbei kommen wir in die **Rua de São Boaventura**, wo mit dem *Eterno Retorno* und dem *Ler Devagar* nächtliche literarische Attraktionen geschaffen wurden; die Buchhandlungen sind bis Mitternacht geöffnet, es gibt regelmäßig Lesungen und andere Veranstaltungen.

Über die **Rua da Rosa** gelangen wir wieder auf die **Calçada do Combro**. Wir werfen einen Blick in die städtische *Biblioteca Camões*, ein barockes Kleinod, und gehen durch die **Rua Marechal Saldanha** zum Miradouro **Alto de Santa Catarina**. »Wenn die Lissabonner sagen, sie gehen ›auf den Alto de Santa Catarina, um Schiffe vorbeifahren zu sehen‹, was soviel bedeutet, wie in den Mond gucken, dann meinen sie genau das: Sie bezeichnen damit diesen Platz als Ausgangspunkt einer geträumten Reise, die sich unseren Augen entzieht.«[17] Am Platz warnt »Adamastor«, König der größten Wogen, Kapgeist und Meeresungeheuer aus den *Lusiaden*, eine Allegorie auf die alles verschlingende See am Kap der Guten Hoffnung, wo dessen Entdecker, Bartolomeu Dias, 1500 im Sturm umkam.

»›Ich bin euch das geheimnisvolle, große, / Das Kap, von euch der Stürme Kap genannt, / [...] / Hier hoff ich mich nicht nur an dem zu rächen, / Der mich entdeckt – und wahrlich wird's geschehn! / [...] / Alljährlich, wenn die Schiffe seewärts stechen – / So wahr mein Geist die Zukunft kann verstehen –, / Trifft Schiffbruch euch und viele Meeresnot, /

43

Und das geringste Übel sei der Tod!«»[18] Doch Adamastor warnt nicht nur, er beschützt die Stadt auch an diesem, Cristo Rei am anderen Ufer. Und nachdem wir den grandiosen Blick genossen haben, kommen wir durch die **Rua de Santa Catarina** und die steile **Rua Salvador Correia de Sá** wieder zum Ausgangspunkt unseres Spaziergangs an der **Rua de São Paulo** und weiter zur **Praça do Comércio**.

Exkurs: *»Ägyptische Finsternis«*
Vernarbte Wunden – Erdbeben und Brände

Allerheiligen. 1. November 1755, 9.40 Uhr. »»Es ließ sich ein furchtbares Geprassel hören, als ob alle Gebäude in der Stadt zusammenstürzten. […] Jeden Augenblick erwartete ich, erschlagen zu werden, denn die Mauern barsten und aus den Fugen stürzten große Steine heraus, während die Dachbalken überall schon fast in der freien Luft schwebten. […] Es trat eine ägyptische Finsternis ein, entweder als Folge des unermeßliche Staubes, den die einstürzenden Häuser verursachten, oder weil sich eine Menge schwefliger Dünste aus der Erde entwickelten. […] Soweit das Auge ins Meer hin schweifen konnte, wogten eine Menge Schiffe und stießen miteinander zusammen […], mit einem Mal versank der mächtige Kai am Ufer und alle Menschen, die sich auf ihm in Sicherheit glaubten […]. Als der Abend sich auf die verödete Stadt niedersenkte, schien sie ganz ein Feuermeer zu werden […]. An 100 Orten mindestens stiegen die Flammen empor und wüteten sechs Tage lang […]. Die Erde bebte zugleich immerfort‹.«[1]

So schrieb ein englischer Augenzeuge, den Walter Benjamin zu Wort kommen läßt, über die verheerendste Katastrophe, die Europa bis dahin und binnen weniger Minuten heimgesucht hatte. Das Beben von einer Stärke um 9 Richter war in ganz Europa und bis nach Afrika zu spüren, das Meer wogte selbst noch im Baltikum und in der Karibik. Daß auch Cádiz, Jerez und Algeciras dem Erdboden gleichgemacht wurden, trat angesichts der Zerstörung Lissabons zurück – die damals prächtigste Stadt Europas war gewissermaßen das »Staunen der Welt« und eines der reichsten und wichtigsten Handelzentren auf dem Höhepunkt der Weltmachtstellung Portugals. Von 30 000 Gebäuden blieben nur 3000 stehen, von 250 000 Einwohnern kamen schätzungsweise 60 000 um.

»Das mit dem Wasserstrahl, das ist nur das Kleine, das beinah Alltägliche; wenn's aber draußen was Großes gibt, wie vor hundert Jahren in Lissabon, dann brodelt's hier nicht bloß und sprudelt und strudelt, dann steigt statt des Wasserstrahls ein roter Hahn auf und kräht laut in die Lande hinein.«[2]
Erschüttert war nicht nur Lissabon, erschüttert war auch der Glaube in die gottgeschaffene »vollkommenste Welt unter allen möglichen«.[3] An der nachhaltigen theologischen und philosophischen Debatte nahmen damals nahezu alle Dichter und Denker teil. Vor allem Voltaire empörte sich: »Ein Vater, der seine Kinder umbringt, ist ein Ungeheuer«,[4] und setzte der Optimismusthese mit *Candide* eine scharfe Satire entgegen. Doch auch Goethe, damals sechs Jahre alt, blieb ein tiefer Eindruck und ein Unbehagen. »Durch ein außerordentliches Weltereignis wurde jedoch die Gemütsruhe des Knaben zum ersten Mal im Tiefsten erschüttert. [...] Eine große prächtige Residenz, zugleich Handels- und Hafenstadt wurde ungewarnt von dem furchtbarsten Unglück betroffen.« Ihm war »die Güte Gottes einigermaßen verdächtig geworden«, und auf die packende Schilderung des Bebens folgt der Satz: »Ja vielleicht hat der Dämon des

Schreckens zu keiner Zeit so schnell und so mächtig seine Schauer über die Erde verbreitet.«[5] Dieses Zitat ist bei einer Spazierfahrt mit der Metro an der Station Marquês de Pombal nachzulesen.

Doch eine Erschütterung ist keine Vernichtung, und mit dem Wiederaufbau setzte die Verarbeitung ein. Das konservative Lager erklärte den »allzuharten Fall« zum Bußruf ob der vielen Sünden, derer in Lissabon gefrönt wurde, das kritische Lager hingegen wandte sich aufgeklärten Ideen zu. »Das Erdbeben nämlich – das verschüttet viel Brunnen, das schafft viel Verschmachten: das hebt auch innre Kräfte und Heimlichkeiten ans Licht. Das Erdbeben macht neue Quellen offenbar. Im Erdbeben alter Völker brechen neue Quellen aus. Und wer da ruft: ›Siehe hier ein Brunnen für viele Durstige [...], *ein* Wille für viele Werkzeuge‹: um den sammelt sich das Volk.«[6]

Es schlägt die Stunde des aufgeklärten Sebastião de Carvalho e Melo, des Ersten Ministers Josés I., später wird er zum Conde de Oeiras und zum Marquês de Pombal erhoben. Er reagiert pragmatisch. »Die Toten begraben und die Überlebenden versorgen«, lautet seine Devise. Er baut die Stadt »desto schöner«[7] nach rationalen Plänen seiner Baumeister und unter Berücksichtigung modernster Bautechnik (Brandmauern, federnde Fundamente) wieder auf, die Gebäude aus dieser Zeit sind weitgehend erhalten.

Doch im Chiado, im Dreieck Rua Garrett, Rua do Carmo und Calçada do Sacramento, fing die pombalinische Holzkonstruktion in der Nacht des 3. August 1988 Feuer, neben vielen Wohnungen und kleinen Geschäften brannten die traditionsreichen Kaufhäuser *Grandella* und *Grandes Armazéns do Chiado* sowie der Teesalon *Ferrari* aus. Es kam niemand ums Leben, doch auch damals ging ein Aufschrei durch

Europa, die Lissabonner waren vor Schmerz über den Verlust dieses Herzstücks Alt-Lissabons wie benommen. »Wo das Feuer hingelangte, blieben nur noch, wie bekannt, Trümmer, Asche, verbogenes Eisen und ein Schrecken, der uns die Seele zerriß. Wenn ich heute durch dieses verunstaltete Antlitz Lissabons komme, sehe ich es als offene Wunde in unserem kollektiven Gedächtnis. [...] Daher weiß ich, daß es, so schnell die Wunden dieser geisterhaften Fassaden auch verheilen mögen, immer eine Rauchwolke, einen schmerzlichen Schatten geben wird, der wie ein Nebel über meiner Vergangenheit liegen wird.«[8] Ob es Brandstiftung im Zuge von Bauspekulation war, konnte nie nachgewiesen werden; die verrußten Fassaden waren jedenfalls jahrelang nachts angestrahlt wie ein Mahnmal.

Mit dem Wiederaufbau wurde 1991 von dem Architekten Álvaro Siza Vieira begonnen. Er dauerte wegen der Schwierigkeiten bei der Bereitstellung der Gelder sowie aufgrund der zahlreichen archäologischen Funde, die während der Grabungen geborgen werden mußten, über zehn Jahre. Die EU beteiligte sich unter der Bedingung, daß die alten Fassaden originalgetreu wiederhergestellt und die »atmosphärischen, historischen und architektonischen Werte« des »Quartiers als Ganzes« bewahrt wurden. Das Viertel ist gewissermaßen »durchlässiger« geworden. »Viele Wege, die einst an verschlossenen Türen endeten, sind jetzt wieder öffentlich zugänglich. Passagen führen in Höfe, überraschend ruhige Zonen, die einen angenehmen Kontrast zum Trubel in den Straßen darstellen.«[9]

»*Die Lösung aller Rätsel*«
Die Baixa

Manuel I. verließ die Burg hoch oben am Berg und zollte dem Tejo seinen Tribut. 1511 ließ er dort ein Schloß errichten, wo seine Schiffe, vollbeladen mit Gold und Spezereien, einliefen: am Schloßplatz Terreiro do Paço (heute Praça do Comércio). Im Straßengewirr dahinter, im Tal der Tejo-Arme zwischen Georgs- und Franziskushügel, wurde im 16. Jahrhundert Pfeffer mit Gold aufgewogen, Schiffe und ihre Ladungen wurden versichert, Geld und Wechsel getauscht – die Unterstadt war das Handelszentrum der damals reichsten und größten Stadt Europas. Nach dem Erdbeben entschied sich Josés I. Erster Minister für eine komplette Neugestaltung des Viertels. Die traufständigen fünfstöckigen Häuser – unten Ladenräume und Werkstätten, im ersten Stock Lager und Kontore, darüber Wohnraum – wurden als erdbebensichere Fachwerkkonstruktion hochgezogen und mit abwaschbaren Kacheln verkleidet, was in Verbindung mit den breiten, rechtwinklig angelegten Straßen hygienische Verhältnisse garantierte. Die Normierung der Traufhöhe sowie der Tür- und Fensterlaibungen sorgte für ein einheitliches Erscheinungsbild, und mit der späteren Taufe der von Ost nach West verlaufenden Straßen nach den Weiheheiligen der dortigen Kirchen erbat man himmlischen Schutz. Die Straßen in Nordsüdrichtung jedoch, die den Schloßplatz mit dem Rossio und der Praça da Figueira verbinden, behielten die Namen der Zünfte bei, die sich nach Pombals Vorstellung dort ansiedeln sollten. Nur die Rua Augusta macht eine ehrwürdige Ausnahme, betritt man doch, vom Fluß her kommend, durch ihr Portal erst die pombalinische Unterstadt.

»Tor der Hauptstadt und des Tejo, alles in barockem Ruhmesglanz, der seinen Segen auf Verkehr und Handel verstrahlt. *Ad Virtutem Maiorum*. Hoch oben schwebt die feierliche Uhr, Herrschaft der Bürger, zehn Uhr dreißig. Wir sind da.«[1]

Entrez. Der »Arco Monumental«, 1873 zu Ehren Pombals in der Mitte der Arkaden errichtet, zeigt portugiesische Größe – Genius und Tapferkeit, Tejo und Douro, Nuno Álvares, Viriato, Pombal und Vasco da Gama. In der verkehrsberuhigten *Rua Augusta* tummeln sich Gaukler, fliegende Händler und Pflastermaler, ein Geschäft reiht sich ans andere. Auch ein Blick nach unten lohnt – die Straße ist eindrucksvoll gepflastert; die Steinsetzer pflegen eine alte Mosaikkunst, sie legen, so Pires, »eine ganze Straße mit Kommata aus« und setzen »Vokale«. Dann ist ihm beim Spazierengehen so, als hätte er »die ganze Stadt mit Schritten buchstabiert«.[2] Oft kann man den »calceteiros« dabei zusehen, wie sie das Pflaster ausbessern; sie setzen Steine ein und klopfen sie mit einem großen Holzstößel fest.
Wir biegen nach rechts in die *Rua da Conceição*. An der Ecke zur Rua da Prata verbirgt sich der Zugang zur Unterwelt. Die römische Stadtanlage aus dem 2. Jahrhundert wurde beim Erdbeben gehoben und durch die Ausschachtungen beim Wiederaufbau entdeckt, sie ist gut erhalten, ist nachgerade eine »Unterstadt« in der Unterstadt, deren Ausdehnung noch lange nicht ganz erforscht ist. Und so gibt es in manch einem Schaufenster der Baixa römische Gewölbe zu sehen, beispielsweise in der Portweinhandlung *Napoleão* an der Ecke zur *Rua dos Fanqueiros*, der Straße der Tuchhändler. In dieser Straße lag die »wohlwollende« Pension – »›Glória‹, Ruhm, heißt das Quartier für uns Geschlagene« –, wo Döblin auf seine Weiterreise wartete. »Die Straße, eng

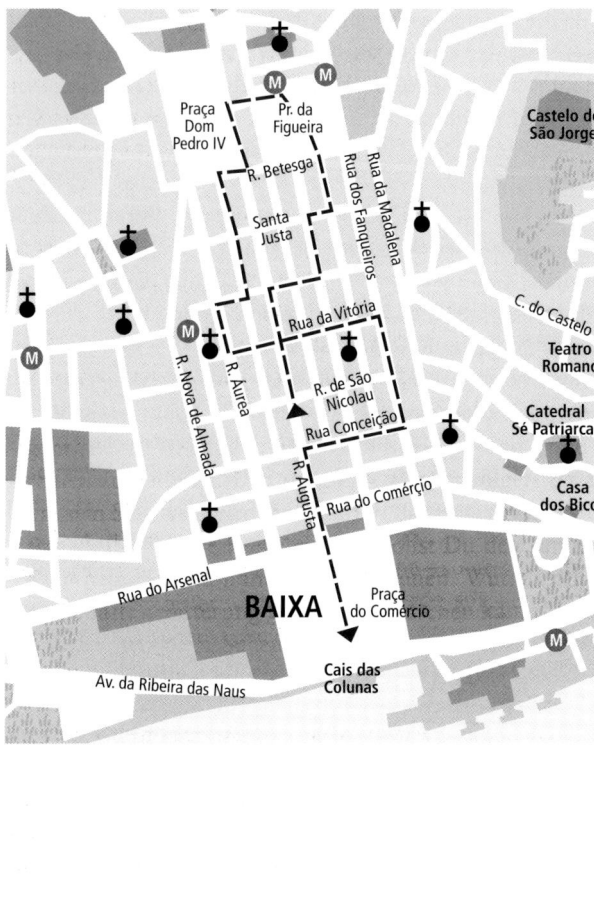

Praça Dom Pedro IV
Pr. da Figueira
R. Betesga
Santa Justa
Rua da Madalena
Rua dos Fanqueiros
Rua da Vitória
R. Nova de Almada
R. Áurea
R. de São Nicolau
Rua Conceição
R. Augusta
Rua do Comércio
Rua do Arsenal
BAIXA
Praça do Comércio
Av. da Ribeira das Naus
Cais das Colunas
Castelo de São Jorge
C. do Castelo
Teatro Romano
Catedral Sé Patriarcal
Casa dos Bicos

und lang, führte, wie wir annahmen, an das Meer. Aber es war nicht das Meer, wohin sie führte, sondern die Mündung des Tejoflusses. Elektrische fuhren unter wildem Gebimmel diese enge Straße herauf und herunter. Autos und Lastwagen rollten hin und her. Auf den schmalen Bürgersteigen standen und schoben sich Menschen. Die meisten Geschäfte boten Kleider- und Wäschestoffe feil. So, wie unsere Straße eine Stoffstraße war, gab es andere Branchenstraßen [...]. Unsere bunte Stoffstraße sah lustiger aus, und dieses Lärmen, Lachen, Schreien und Ausrufen hatte Charakter.«[3] Unweit davon betrieb der Spirituosenhändler »Abel« Pessoas Lieblingsschankstube, »ganz nahe am irdischen, wie man weiß, verlorenen Paradies.«[4]

Linker Hand, in der **Rua da Vitória**, sehen wir die **Igreja de São Nicolau**, die mit ihrer Kachelverkleidung von 1850 aus der einheitlichen Bebauung heraussticht. Am Ende der Straße finden wir in der heimeligen kleinen Kapelle **Nossa Senhora da Vitória** stille Einkehr, bevor wir ein Stück die geschäftige **Rua Áurea** hinaufgehen, »breit und prächtig, wie es sich für sie gehört, die Bankenstraße«,[5] die ehemalige Rua do Ouro, die Straße des Goldes, wo es noch alteingesessene Goldschmiede gibt.

Durch die **Rua da Assunção** gelangen wir zur **Rua dos Sapateiros**, der Straße der Schuster. Dort kommen wir an der Milchbar *A Camponesa* vorbei, 1907 mit wunderschönen Kuh- und Milch-Azulejos von Jorge Pinto ausgestaltet. Am Ende der Straße prangt der Jugendstilbogen **Arco da Bandeira** vor dem ältesten Kino der Stadt, dem *Animatógrafo do Rossio* von 1907, heute eine Peep Show; die Jugendstilfassade wurde ebenfalls von Jorge Pinto mitgestaltet. Gleich rechts hinter dem Bogen findet sich ein schönes Original von 1840: die »ginjinha« *A Tendinha*, eine der alten »Schattenmorellenlikörhöhlen« der Stadt, so Antunes, wo der Lisboeta, am Tresen aufgestützt, zügig das eine oder andere Gläschen des samtroten Elixiers »ginja« kippt.

Nun sind wir auf dem *Rossio*, auf der *Praça de Dom Pedro IV*, dem Platz des liberalen Königs und Kaisers von Brasilien – angeblich. »›Was tun wir, Lissabon, wir beide hier auf der Erde, auf der wir geboren wurden und ich geboren wurde?‹ fragte Alexandre O'Neill, als er, die Schulter an den Türpfosten gelehnt, auf Kaiser Maximilian von Mexiko schaute, der als Denkmal auf dem Rossio steht und so tut, als sei er Dom Pedro IV. von Portugal. [...] Ob es nun wahr ist oder erfunden, bis heute weiß man nicht, weshalb der französische Bildhauer, der den Auftrag hatte, unseren König in erstklassiger Bronze zu gießen, nicht lange fackelte und irgendeinen Maximilian, der in einer Ecke seines Ateliers herumstand, nach Portugal schickte.«[6] Doch ob Pedro oder Maximiliano – der Rossio, was einfach »großer Platz« heißt, war von jeher das Herz der Stadt. Wie auf dem Terreiro do Paço wurden auch hier Stierkämpfe, Turniere und Zirkusse veranstaltet, Demonstrationen, Hinrichtungen und Ketzerverbrennungen, sogenannte Autodafés, fanden statt, denn an der Nordseite des Platzes, wo seit 1846 das klassizistische Nationaltheater mit der Statue des Dramatikers Gil Vicente steht, hatte bis 1821 die Inquisition ihren Sitz.

Wir schlendern über das beruhigende Wellenpflaster des Platzes, der von pombalinischen Gebäuden eingerahmt ist und früher von vielen Cafés gesäumt war. Dort traf sich das galante, das politische und das literarische Lissabon. Die beiden Institutionen, die bis heute am Rossio erhalten sind, wurden innen eher zweckmäßig denn liebevoll renoviert. Stilvoll ergehen kann man sich nur noch *vor* dem *Nicola*, das schöne Jugendstilportal im Rücken, das bunte Treiben im Blick und in Gedanken bei Eça, dem mit einem Tableau gedacht wird, sowie Bocage, der im Nachfolgerlokal seines

Stammcafés, wo er mit seinen Sonetten und Spottliedern »›gewagte Verschen‹«[7] vortrug, als Statuette verewigt ist.

Gleich daneben gibt es noch immer die skurrile *Tabacaria Mónaco* mit Bordalo Pinheiros rauchendem Frosch auf einem Kachelbild – »Ende des Jahrhunderts das Stammlokal der Intellektuellen mit Herculano an ihrer Spitze.«[8]

Auf der gegenüberliegenden Seite des Platzes lockt die *Pastelaria Suiça*, die auch hinten auf der quadratischen **Praça da Figueira** eine Terrasse bewirtschaftet. Der Verkehr ist hier weniger dicht als auf dem Rossio, es ist ein idyllischer Platz, wo von 1492 bis 1775 das Hospital Todos os Santos stand, seinerzeit das größte Krankenhaus Europas. Später beging Lissabon hier die Feste für seine Heiligen António, Pedro, João und Vicente. Vor allem aber hielt man Markt ab. »Das Beste, das die Wein- und Gartenlandschaft um Lissabon hergibt, wird hier angeboten, von denselben Bäuerinnen, die einem abends auf der Landstraße in Kavalkade begegnen, wenn sie mit leeren Körben auf munteren Eselchen vom Markt heimreiten.«[9] 1849 baute man die Markthalle, 1885 ersetzte man sie durch einen verglasten Gußeisenbau im Stil der Pariser Markthallen, der langsam durchrostete und 1949 abgerissen werden mußte. »Die Praça da Figueira, die Verkaufsstände, in verschiedenen Farben ausgeähnt, füllt sich mit Käufern und meinen Horizont mit fliegenden Händlern. Ich schreite langsam.«[10] Heute reitet João I., der 1385 die Spanier besiegte, über die Mitte des Platzes, »eingehüllt von Schatten und Witwenmansarden«.[11] An der Ostseite gibt es noch eine kleine Markthalle, an der Südseite, in der Rua da Betesga, haben die Konditorei *Confeitaria Nacional de Balthazar Castanheiro* von 1829 und andere Traditionsgeschäfte ihren Sitz.

»Aus dem Krustentierkörper des Platzes wachsend wie die langen Beine und Fühler von Langusten, die geometrischen

Straßen hinunter zum Fluß.«[12] An der Ecke zur Rua dos Douradores, der Straße der Vergolder, lag die heitere, aber nicht gerade frequentierte Praxis von Eças dilettierendem Ästheten Carlos da Maia, sogar mit Klavier und »mitten auf dem Rossio«,[13] auch *Alves & Co.* führten ihre Geschäfte in dieser Straße, die heute einen eher verschlafenen Eindruck macht. Vor allem aber ist die **Rua dos Douradores** die Mitte von Pessoas Welt, wo der Mensch auf einem Stuhl sitzend die Welt begreifen kann. »Wenn ich die Welt in der Hand hätte, würde ich sie, dessen bin ich sicher, gegen eine Fahrkarte zur Rua dos Douradores eintauschen«, schreibt der Hilfsbuchhalter Bernardo Soares, den Pessoa eines Tages kennenlernt und der ihm sein Manuskript übergibt. »In Lissabon gibt es einige wenige Restaurants oder kleine Gasthäuser, da liegt oberhalb eines Geschäftes, das wie eine dezente Taverne aussieht, ein Zwischengeschoß, das so schwerfällig und hausbacken wirkt wie ein Restaurant in einer Ortschaft ohne Bahnanschluß. In diesen, abgesehen von den Sonntagen, wenig besuchten Zwischengeschossen kann man häufig sonderbare Typen, Gesichter ohne Interesse, Abseitige des Lebens antreffen. [...] Es ergab sich nun, daß ich dort, wenn ich zufällig gegen sieben zu Abend aß, fast immer ein Individuum antraf, dessen Aussehen mich anfänglich nicht, dann aber nach und nach zu fesseln begann. [...] Zufällig hörte ich von einem Kellner des Restaurants, daß er kaufmännischer Angestellter in einem nahe gelegenen Geschäftshaus war«, bei Vasques. »Chef Vasques ist das Leben. [...] Und wenn das Büro in der Rua dos Douradores für mich das Leben verkörpert, so verkörpert mein zweites Stockwerk, in dem ich in der gleichen Rua dos Douradores wohne, für mich die Kunst.« Diese Kunst besteht darin, zu träumen und zu fühlen, sich treiben zu lassen vor der Kulisse der Stadt, und in der Rua dos Douradors »den gesamten

Sinn der Dinge, die Lösung aller Rätsel zu finden«.[14] An der Ecke zur Rua Santa Justa, mit Blick auf den Aufzug, ist mit der *Antiga Casa Pessoa* auch immer noch eines von Pessoas Stammlokalen beheimatet.

Wir gehen nach rechts zur **Rua da Prata** und einen Block weiter zur **Rua da Assunção**; an dieser Ecke befand sich das Kontor von *Félix, Valladas e Freitas Ltd.*, wo Pessoa seine Ophélia Queiroz kennenlernte, seine große Liebe, die er jedoch nicht zu leben verstand.

Die breite Rua da Prata machte großen Eindruck auf Artur Corvelo, den Schriftsteller aus der Provinz: »Als er durch die Rua da Prata kam, las er neugierig die Firmenschilder. Wer mochte in den hohen, noch verschlossenen Häusern wohnen? Zu dieser Stunde schliefen die Journalisten und Herzoginnen gewiß die intellektuellen und amourösen Aufregungen der vergangenen Nacht aus ... Und ein überschäumendes Glücksgefühl erfüllte plötzlich seine Brust.«[15]

Mit Pires' »Chef Elias« kommen wir wieder zurück zur **Rua Augusta**. »So geht er heute die Rua Augusta hinunter. Verkehrsampeln und Schaufensterauslagen, Filigranarbeiten, Souvenirs, Wechselstuben, Schaufensterpuppen und Bankenpracht, und ganz am Ende ragt der triumphale Steinbogen«[16] in der Mitte der Nordfront des fast quadratischen Platzes, wo sich der Blick auf den Fluß richtet.

Die **Praça do Comércio** »wirkt allein durch [ihre] vollkommenen Proportionen, da ihn kein bedeutendes Bauwerk säumt, da keine Energien von den Rändern raumfüllend, raumgliedernd hineinstrahlen, da keinerlei Kräfte von der belanglosen Reiterstatue Josephs I. nach den Seiten zu abfließen. [...] Die Comércio-Bauten sind nicht viel mehr als Zeitgeist, aber das Verhältnis, in dem sie zueinander stehen, schafft dann doch das Gitter der Energien, das die Architektur nicht leisten konnte.«[17] Der Platz ist von drei Seiten eingefaßt, die zum Wasser gelegene Südseite ist offen und endet – oder beginnt – am *Cais das Colunas*, einer Freitreppe, die von zwei Säulen flankiert wird und einst zum Empfang wichtiger Gäste diente. Die Gebäude am Platz beherbergen über ihren Bogengängen vor allem Behörden und »melancholische Ministerien wie laizistische Klöster«,[18] an der Nordwestecke ist die Hauptpost untergebracht, die »Schicksalsecke« der Emigranten: »Die Posta-restante-Ekke in Lissabon, in Portugal, im äußersten Winkel von Europa, wurde der tragische Treffpunkt für viele Menschen in diesem Unglücksjahr 1940«,[19] nach dem Fall Frankreichs. Im Osten hat die Börse ihren Sitz. Im Südosten lag einst die Estação Fluvial, der »Flußbahnhof«; daneben, am Cais da Alfândega, legen die Personenfähren nach Cacilhas und Barreiros ab.

Der Platz ist insgesamt nur wenig spannend, allerdings finden wir an der Nordostecke das *Martinho da Arcada*. Bei einem Besuch im »Nationalmonument« lassen wir diesen Spaziergang leise ausklingen. »Es ist kein lärmendes Café [...]. Es ist eine Art Klostercafé, das den Besucher in der Zelle seiner vor sich aufgestellten Arme zwängt zum Wiederkäuen des tausendmal Gedachten.«[20]

Exkurs: *»Die ganze Welt entrollt sich vor meinen Augen.«*

Os americanos, os eléctricos, os amarelos

Die Elektrischen – das sind die alten Straßenbahnen, die seit über hundert Jahren knirschend und quietschend durch die Stadt schaukeln. »Die Spielzeugstraßenbahnen in ihren Kinderfarben«[1] können freilich nicht mit Bus oder Metro konkurrieren, dennoch sind die alten Wagen mit den Schiebefenstern, den Falttüren, der Steuerkurbel und der schrillen Glocke genausowenig aus dem Stadtbild wegzudenken wie die drei Standseilbahnen und der Santa-Justa-Aufzug. Beliebt ist das traditionsreiche Transportmittel nicht nur bei den älteren Lisboetas. Touristen erspüren auf der gemächlich rumpelnden Fahrt durch die engen Gassen ein ganz besonders Flair, wenn der Karren um die Ecke rattert und die Kachelfronten der Häuser, die Wäsche vor dem Fenster, die schmiedeeisernen Balkone, der Vogelbauer und die Auslagen der Krämerläden zum Greifen nahe kommen oder wenn mal wieder ein parkendes Auto von den Schienen gehievt werden muß.

1870 ersetzte man die großen »Sammeldroschken« durch offene Waggons, die von Mulis über Schienen gezogen und von namentlich bekannten Kutschern gelenkt wurden, eine Klassentrennung fand dort nicht statt. Die Firma *Carris de Ferro de Lisboa* hatte die Wagen aus Amerika importiert, weshalb sie »os americanos« hießen, und sie sind gelb, daher »os amarelos«, heute wechselt die Farbe mit der Werbung. Zu »eléctricos« wurden sie 1901, als das erste Schienennetz an den Strom angeschlossen wurde, doch der letzte Zweispänner, »Jorges Wagen«, fuhr noch bis 1917 durch die Stadt. Die erste Linie der Elektrischen fuhr vom Terreiro do Paço nach Algés, bis 1906 wurden weitere Linien elektrifiziert.

Viele Strecken wurden mittlerweile aufgegeben, doch die Kommune hat den traditionellen Wert und die touristische Attraktion der Tram erkannt und ließ einige Linien bestehen, die gewissermaßen Stadtrundfahrten machen. So fährt die legendäre 28 vom Friedhof Prazeres hinunter zur Baixa, die Alfama und Graça wieder hinauf und weiter nach Martim Moniz. »Ein Rillendraht aus hartgezogenem Elektrolytkupfer, der sich kreuz und quer, bergauf und bergab durch die blaue Luft zieht, ist der Faden, der den Fremden am sichersten durch das labyrinthische Lissabon führt.«[2] Es geht hinab nach Estrela, vorbei am Parlament und durch die Calçada do Combro zum Chiado, durch die Rua António Maria Cardoso und die Vítor Cordon in die Rua da Conceição und über den Largo da Madalena und die Rua de Santo António da Sé wieder hinauf zur Kathedrale, vorbei an alten Klöstern, Gefängnissen, Palästen und Mietshäusern, vorbei an Lädchen, Tascas und Bars immer weiter nach Graça. Es ist ein Erlebnis für alle Sinne, und dem Ohr bietet sich eine Real-Symphonie, wenn »die Warnglocke bellt und scheppert, der Kompressor jault und rappelt, die Bremsen zischen, während der unerschrockene Fahrer bald umsichtig, bald mit virtuosem Brio neue, ungeheuerliche Steigungen erklimmt.«[3] Der eine oder andere Wagen der 28 fährt um den Burgberg herum durch die Mouraria zum Largo Martim Moniz, von dort kann man auch die 12 nehmen.

»Ich fahre in der Straßenbahn und beobachte dabei geruhsam, wie es meine Art ist, alle Einzelheiten der vor mir sitzenden Personen. [...] Das ganze Leben der Gesellschaft liegt vor meinen Augen. Darüber hinaus ahne ich die Liebschaften, die Ausdünstungen, die Seele all derer, die dafür gearbeitet haben, daß diese Frau, die vor mir in der Straßenbahn sitzt, um ihren sterblichen Hals die windungsreiche Banalität eines dunkelgrünen Seidenzwirns auf einem minder grünen Stoff tragen kann. Mich schwindelt. Die Bänke der Elektrischen aus einem kräftigen, engmaschigen Strohgeflecht tragen mich in ferne Gegenden, vervielfältigen sich zu Industrien, Arbeitern, Arbeiterwohnungen, Lebensläufen, Wirklichkeiten, eben zu allem. Ich steige erschöpft und wie ein Schlafwandler aus der Straßenbahn. Ich habe das ganze Leben gelebt.«[4]

Die Bahnen fahren auf folgenden Strecken:

Linie 12: Praça da Figueira – Martim Moniz (über Mouraria)

Linie 15: Praça da Figueira – Algés und zurück (vornehmlich neue Wagen)

Linie 18: Rua da Alfândega – Ajuda und zurück

Linie 25: Rua da Alfândega – Prazeres und zurück

Linie 28: Martim Moniz – Graça – Praça de Camões – Prazeres und zurück

Ab der Praça do Comérico gibt es eine Sightseeing-Tour mit roten Straßenbahnen in historischer Ausführung.

Außerdem kann man im *Museu da Carris* im Depot in der Rua 1° de Maio zwischen Alcântara und Santo Amaro Oldtimer besichtigen.

»Worte einer unerschöpflichen Sprache, gemacht aus Häusern, Menschen, Lachen und Weinen«[1]

Mouraria, Castelo, Alfama und Graça

Labyrinthisch gewundene Gäßchen und steile Treppen, gesäumt von verschachtelten Häusern, führen durch die ältesten Viertel hinauf zum Burgberg. Die Burg ist das früheste Bauwerk der Stadt, die Feste all jener, die Lissabon im Laufe der Geschichte besiedelt haben. Römer gründeten das Kastell, Westgoten bewehrten es mit Türmen und dicken Mauern – die Salazar, weitgehend nach eigenen Vorstellungen, restauriert hat. Die Mauren kamen 711 und blieben vierhundert Jahre. Erst nach der Belagerung durch die Kreuzritter konnte Afonso Henriques die Burg 1147 zur königlichen Residenz machen und die ehemaligen Besatzer des Landes verweisen. Wer blieb, wurde vor die Tore verbannt, ins Maurenviertel Mouraria nördlich und westlich des Castelo de São Jorge. Im 14. Jahrhundert zog Dom Fernando I. eine Mauer mitten durchs Viertel und trieb dessen Bewohner noch tiefer in Armut und Abseits, was auch auf die Südseite des Georgshügels abstrahlte, nachdem alle, die es sich leisten konnten, im 16. Jahrhundert ins Neubaugebiet Bairro Alto zogen und ihre alte Heimstatt dem Dreck und der Schande überließen; »während sich die ganze Stadt weiterentwickelt hat, ist nur die Alfama, ›Al-hamma‹; arabisch für ›Zuflucht‹, auf dem primitiven Stand zurückgeblieben: in verpesteten Bruchbuden haust eine dichtgedrängte Menge, die kaum Luft zum Atmen findet«.[2] Die Ärmsten der Armen lebten in der Mouraria und brachten sich mit Gaunereien und Gaukeleien durch, was dem Viertel einen entsprechenden Ruf

61

Miradouro da Senhora do Monte

R. das Olarias

R. D. Monteiro

C. do Monte

Calç. do Monte

Rua da Graça

R. Senh. da Glória

MOURARIA

GRAÇA

Rua da Palma

Pr. Martim Moniz

R. M. Ponte d. Lima

Tv. da Pereira

Rua da Voz do Operário

L. da Rosa

Costa do Castelo

C. do Castelo

Calç. de Santo André

Calçada da Graça

Miradouro da Graça

R. d. S. Vicente

Castelo de São Jorge

R. d. São Tomé

ALFAMA

Rua da Madalena

Rua dos Fanqueiros

R. d. S. Mamede

R. do Milagre de S. António

R. d. São Miguel

Teatro Romano

R. d. Saudade

R. Terr. do Trigo

Catedral Sé Patriarcal

S. João da Praça

Cruzes de Sé

R. dos Bacalhoeiros

Casa dos Bicos

R. d. Alfândega

einbrachte; daher findet es auch keine Erwähnung in der damaligen portugiesischen Literatur, etwa bei Eça oder Pessoa. Anfang des 20. Jahrhunderts fielen etliche dieser Lebensnischen in einer Art Säuberungsaktion der Abrißbirne zum Opfer, doch noch immer weht ein Duft nach Orient und ein Ruch von einst über die lauschigen Plätzchen mit ihrem Spiel von Licht und Dunkel, durch leise und laute Winkel und durch die bunten Gassen mit kleinen Läden und Kneipen, beschattet von Enge, Vogelbauern und frischgewaschener Wäsche zwischen den Fenstern.

In diesem Teil der Stadt hat alles mit Königen und Rittern, mit den Anfängen und der Wiedereroberung Lissabons zu tun. So ist der *Largo Martim Moniz*, wo unser Spaziergang beginnt, nach dem Ritter benannt, der sich 1147 zwischen die Torflügel des Stadttors warf, das direkt mit der Burg verbunden war; er hielt den Zugang für Afonsos Truppen offen und bezahlte dafür mit dem Leben. Über die *Rua da Capelão* steigen wir langsam hinan und erinnern uns angesichts des Mosaiks im Straßenpflaster vor dem Haus Nr. 36 an die berühmte »fadista« Maria Onofriana Severa, die dort wohnte, in der Mouraria, der Geburtsstätte des Fado. Und aus den »Tabernen« ertönt nächtens eine Musik, »deren Pathos nicht mehr das Schwingen sich berührender Saiten ist, sondern Stimmen, die sich aus dem Herzen menschlicher Angst zu den Nebeln ewiger und unlösbarer Fragen erheben.«[3] Durch den *Beco do Jasmin* und die *Rua do Marquês do Ponte de Lima* kommen wir zum *Largo da Rosa* und biegen in die *Rua das Farinhas* mit dem Basrelief des Raben *Sam Vecête* am Haus Nr. 24 ein. Die Treppen der *Rua das Flores* und der *Rua da Achada* führen zur *Costa do Castelo*, die unterhalb der Burg in die verwunschene *Rua do Milagre de Santo António* übergeht und über dem Grundstock des muselmanischen Alfola-Torres liegt.

Dort treffen wir Saramagos Romanfigur, den Korrektor Raimundo Silva. Er wird uns durch dieses Viertel führen, er kennt es blind und wird bei jedem Schritt ein Stück des alten Lissabon auferstehen lassen. Von seinem Erker aus sieht er den Fluß, »und eher ist es ein riesiges Meer, was die Augen da umfassen«,[4] und »sofern die Informationen der von ihm Korrektur gelesenen Geschichte der Belagerung von Lissabon zutreffen, kann er jenen Fleck sehen, wo die Engländer, die Aquitanier und die Bretonen lagerten, drüben am Hang von Trindade, südwärts und bis zur Schlucht der Calçada de São Francisco, Meter hin, Meter her, dort ist die Kirche der Märtyrer, die jeden Zweifel ausschließt«,[5] denn die gefallenen Kreuzritter sollen dort ihr Grab gefunden haben. Im Erker hat er den Einfall, »den Verlauf der maurischen Mauer abzuschreiten«[6] und die Historie zu korrigieren. Aus Angst, sein Verleger könne ihn aufsuchen und zur Rede stellen, taucht er – und wir mit ihm – in diese Zeit ein und hastet die *Escadinhas de São Crispim* hinab. Silva findet hier, rechts der Treppe, ein Stück Mauer. Nun ist er »außerhalb der Stadt, er gehört zur belagernden Armee, fehlte nur, es täte sich eines dieser Riesenfenster jetzt auf, ein Maurenmädchen erschiene und stimmte einen Gesang an, Lissabon, hab acht, ist wohlbewacht, Christ, der sie erkoren, ist selbst verloren«.[7] Sein Weg führt die *Calçada do Correio Velho* hinunter, vorbei an der alten Post, einem der wenigen pombalinischen Gebäude in der Altstadt, und vorbei am Palácio Penafiel an der Ecke zur Rua de São Mamede – wo wir einen kurzen Abstecher zu der Ausgrabungsstelle des Teatro Romano in der *Rua da Saudade* machen – zum ehemaligen Eisentor, das er vor der Kathedrale am *Largo de Santo António da Sé* vermutet. Die Barockkirche Santo António da Sé steht an der Stelle, wo das Geburtshaus des heiligen Antonius gestanden haben soll; daneben kann das *Museu Antoniano* für den Schutzpatron der Stadt besucht werden.

Die große *Sé Patriarchal*, die älteste Kirche Lissabons, wurde unmittelbar nach der Wiedereroberung erbaut, unter Einbeziehung der Moschee, die dort gestanden hatte. In der Franziskuskapelle des romanischen Innenraums steht das Taufbecken, über dem 1195 Fernando de Bulhões, der spätere heilige Antonius, getauft wurde, zumindest berichtet es die Legende so. Des weiteren kann man eine barocke Terrakotta-Krippe mit volkstümlichen Szenen von Machado de Castro sehen. An den Seiten des barocken Chors stehen die Sarkophage von König Afonso IV., der den letzten Schlag gegen die Mauren führte, und seiner Gemahlin Beatrix. Im gotischen Chorumgang ist die Vinzenzkapelle mit den Reliquien von Antonius' Vorgänger im Schutzpatronat zu besichtigen. Die sterblichen Überreste des Heiligen wurden 1173 von der Algarve nach Lissabon gebracht, das Boot wurde von zwei Raben bewacht. Die »Vicentes«, die Wappentiere der Stadt, sind das Symbol der Befreiung Lissabons. Man sagt, ihre Nachkommen hätten im Kreuzgang gelebt, der letzte sei 1978 gestorben.

Auffällig sind die Grabmäler der bibellesenden Maria Vilalobos und ihres Mannes, des in Stein gehauenen Ritters Diogo Lopes Pacheco, zu Füßen sein treuer Hund. Pacheco war Afonsos IV. Mitstreiter und Getreuer und half ihm 1355 in Coimbra, die Geliebte und heimliche Gemahlin seines Sohnes Pedro aus dem Weg zu räumen: Inês do Castro. Die große Tragödie wurde natürlich zum Motiv in der Literatur. »So taucht der Mörder widerliches Trachten / In ihre Alabasterbrust das Schwert, / Um die aus Liebe Liebe ließ verschmachten / Den, der sie nachmals königlich geehrt.« Zwei

Jahre später bestieg Pedro den Thron. Er ließ sich zwei der drei flüchtigen Mörder – Pacheco war nach Frankreich geflohen – von seinem Namensvetter Pedro von Kastilien ausliefern, nahm Rache und aß ihre Herzen. Was uns der Dichter Luís Vaz de Camões verschwieg, ergänzte der Übersetzer und Herausgeber Otto Freiherr von Taube: »Darauf ließ er ihren [Inês'] Leichnam aus der Gruft heben, ihm königliche Gewänder antun und ihn gekrönt auf den Thron setzen. Die Großen und Edlen mußten ihr huldigen; sie küßten ihr den Saum des Mantels und die verweste Hand. Dann ward sie im Sarge, dem Hof und Geistlichkeit folgten, von Rittern getragen, zwischen zwei Reihen Fackelträgern, die den meilenweiten Weg von Coimbra bis Alcobaça umstanden, wie zwischen zwei unabsehbaren Sternenreihen zur Ruhe geleitet.«[8] Pedro und Inês ruhen, im Tode vereint, im Mosteiro de Alcobaça, und noch immer lassen ihre Tränen den Mondego jährlich über die Ufer treten.

Eingedenk dieser so großen und so alten Liebesgeschichte gehen wir mit Raimundo Silva die **Rua Padaria** hinab zur **Rua dos Bacalhoeiros**. »Er tritt durch den **Arco Escuro**, um jene Treppe in Augenschein zu nehmen, die, laut Versicherung des Historikers, eine von jenen war, die Zugang hinauf zu den Zinnen der Ringmauer gaben.«[9] Am **Arco das Portas do Mar**, einem Stück der Fernandinischen Mauer, sehen wir schon die *Casa dos Bicos*, den Renaissancepalast »Haus der Spitzen« oder »Diamantenhaus«, den Brás de Albuquerque, der Sohn des Vizekönigs von Brasilien, 1523 bauen ließ. Heute ist dort das Museum für die Geschichte der Entdeckungen und Eroberungen untergebracht. Daneben sehen wir *das* Lissabonner Haus schlechthin, die *Casa das Verandas*, die auf Postkarten und manch einem Buchumschlag zu finden ist – ein billiges Logierhaus, dem João César Monteiro 1989 in der kauzigen Filmkomödie *Erinnerungen an* *das gelbe Haus* ein Denkmal gesetzt hat. Vom ***Arco da Conceição***, »wo sich der Chafariz da Preguiça, der berühmte Springbrunnen des Müßiggangs, befindet, von köstlichem Wasser, das vielen Menschen den Durst und den Hunger nach Arbeit stillte, bis auf den heutigen Tag«, gehen wir weiter zum ***Arco de Jesus***, »wo sich ein Tor der musulmanischen Ringmauer befunden haben mag, die Mauerinschrift belegt es feierlich«.[10] Durch den ***Arco do Chafariz d'El-Rei***, neben dem ältesten Brunnen der Stadt, betritt der Korrektor schließlich die Alfama.

Raimundo Silva wird zu Mittag essen »in einer Wirtschaft in der ***Rua de São João da Praça***, zum Turm des heiligen Peter hin gelegen, ein herzhaft portugiesisches Mahl soll es sein, aus gebratenen Stichlingen, mit Tomatenreis«,[11] denn unten in der Rua São Pedro befindet sich ein Fischmarkt. Ein weiteres Mauerstück spürt er im ***Pátio do Senhor da Murça*** auf und macht sich über den ***Largo de São Rafael***, oberhalb des ehemaligen Judenviertels Judiaria, über die ***Rua da Adiça*** und die verträumte ***Rua Norberto de Araújo***, in jüngerer Zeit nach dem »olisipógrafo«, dem Stadtchronist, benannt, wieder an den Aufstieg zum ***Largo das Portas do Sol***, den alten Stadttoren, »dem Sonnenaufgang zugewandt, sie empfingen als erste den rosigen Hauch des dämmernden Morgens«.[12] An die Mauren-Mauer erinnert auch die Bar *Cerca Moura*, wo man sich mit São Vicente an der Seite stärken und den Blick genießen kann. Raimundo Silva »steigt die ***Rua dos Cegos*** hinan, tritt in den ***Pátio des Dom Fradique***, die Zeit

Casa dos Bicos

öffnet sich in zwei Äste, um diese auf Felsen gewachsene Siedlung nicht zu berühren«.[13] Oberhalb des Pátio, im ältesten Palácio Lissabons – seine Anfänge reichen bis 1449 zurück – wurde Vasco da Gama nach seiner Rückkehr aus Indien empfangen, Gil Vicente führte seine ersten Stücke dort auf. Der Palast ist Schauplatz in der Verfilmung von *Erklärt Pereira*. Auch die Protagonisten der *Lisbon Story* wohnen dort – die Musikgruppe Madredeus und Philipp Winter, der die Töne Lissabons einfangen will und Pessoa-Gedichte liest: »Im hellen Tageslicht leuchten sogar die Töne.«[14] Heute ist in den geschichtsträchtigen Mauern ein Hotel eingerichtet.

An der **Rua do Chão da Feira**, wo früher auf der Feira da Ladra Trödel verkauft wurde, verabschieden wir uns von Senhor Silva, dessen Phantasie über die Realität siegen wird. Vielleicht trinkt er ein Glas in seiner Lieblingsmilchbar *Leitaria Graciosa*, die es in realiter in der Rua Bartolomeu Gusmão nicht gibt und nie gab, und hört den neuesten Tratsch im Viertel oder den Muezzin vom Minarett rufen, bevor er sich wieder an sein Erkerfenster stellt und ihn die Amoreiras-Türme in die Jetztzeit zurückrufen.

Nun betreten wir durch das Georgstor die Burganlage. Wir kommen zuerst durch den kleinen Pfarrsprengel **Freguesia de Santa Cruz do Castelo** mit kleinen bunten Häusern und Souvenirläden, und schlendern durch den Park, wo »als Sinnbild toter Königsherrlichkeit weiße Pfauen majestätisch – und unter gar nicht majestätischem Kreischen – promenieren«.[15] Wir sehen das Standbild Afonso Henriques' und betrachten vom Zinnenkranz der »sorgsam konservierten (und eifrig-übereifrig restaurierten) Mauern des Castelo«[16] auf dem höchsten Hügel Lissabons die Stadt. »Dort der Triumphbogen in der Rua Augusta, das Gewirr der schachbrettartig angelegten Straßen, dieser oder jener Zipfel eines Platzes, die Ruinen des Carmo-Klosters.«[17] Bis Manuel I. war die Alcáçova im Nordteil des Castelo die Residenz der Könige. Danach war es Zeughaus und Gefängnis, »das Kastell, von dem einstmals zum Klang der auf Fagotte geblasenen Hymne Soldaten in weißen Hosen herunterkamen, um eine kleine Revolte zu machen!«[18]

Die Burg verlassen wir durch die *Portas de Santo André* im Nordosten und kommen über den *Largo Rodrigues de Freitas* und durch den Beco dos Loios zur *Rua de São Vicente*, die auf die Igreja São Vicente de Fora zuführt. Die erhabene Kirche gemahnt an die Herrschaft der Spanier, denn der ambitionierte Filipe ließ sie erbauen. Im vorletzten Jahrhundert lag dieses Gebiet noch in ländlicher Abgeschiedenheit und war eine beliebte Umgebung für »die altersschwachen Herrschaftshäuser mit wehmutsvollem Blick auf die Hafeneinfahrt, mit gewaltigen Wappen an den rissigen Wänden, wo zwischen übler Nachrede, Frömmigkeit und Biscaspiel das alte adlige Lissabon schrullig und spießig seine letzten Tage vertrödelte«.[19] »Durch die Senke nach Campo Santa Clara hin, jener Flur, auf der Dom Afonso Henriques mit seinen Soldaten das Lager aufschlug«,[20] führt die *Rua da Voz do Operário* hinauf nach Graça, einem Arbeiterviertel, das um die Jahrhundertwende angelegt wurde. Die Zeitung »Arbeiterstimme« war das Organ des Tabakarbeiterverbandes, der unterhalb der *Travessa de São Vicente* seinen Sitz hatte, heute ist das Gebäude mit der schönen Jugendstilfassade ein Bildungs- und Veranstaltungszentrum. Die Travessa führt zum *Largo da Graça*, wo in einem ehemaligen Palácio (Nr. 82) gegenüber der Kirche Nossa Senhora da Graça und dem gleichnamigen Miradouro 1890 die *Vila Sousa* eingerichtet wurde und wo, ein Stück weiter zum Platz hin, die Dichterin Natália Correia, »die Matriarchin der Nacht«,[21] die Bar *Botequim* betrieb und dort politische und literarische Zirkel unterhielt.

Wer noch Puste und Lust auf einen Abstecher in die Welt der »viles« hat, geht oben am *Largo da Graça* rechts die *Travessa da Pereira* hinunter und durch die *Vila Bertha*, 1902 von dem sozial engagierten Fabrikanten Tojal für seine Metallarbeiter erbaut. Die Lissabonner *viles* gehen auf Pombal zurück. Die Häuser gruppieren sich um einen länglichen Innenhof oder einen Straßenzug; die Anlage kann als Ganzes abgesperrt werden – so zu sehen heute noch in der Rua do Campo de Ourique, in der Rua de Infantaria Dezasseis sowie in der Vila Costa und Vila Alves an der Travessa do Campo de Ourique; heute wirken diese *viles* ärmlich, doch im 18. Jahrhundert waren sie visionär; jedenfalls hatten sie nichts mit der miefigen Enge in den Arbeitervierteln anderer Metropolen gemein, sie gingen eher auf die Anlage der Beginensiedlungen oder der padovanischen Sozialeinrichtungen nach Marco Lando zurück. Auch die *Vila Rodrigues* in der *Rua da Senhora da Glória* 142 ist sehenswert. In der Rua Senhora da Glória liegt übrigens auch Carvalhos fiktives Lokal O *Solar do Macedo*. »Ich wette, daß der Leser es nicht ohne meine Hilfe finden würde. [...] Was da früher mal in vergoldeten Jugendstillettern stand, weiß ich vom Hörensagen, denn sehen, sehen kann man nichts mehr.« Dort streiten sich tagsüber die Alten über Kaffee und Wein und dort treffen sich donnerstagnachts zu Zeiten der Bespitzelung die Kommunisten zum Feiern und beraten sich »flüsternd und einander zugeneigt, unter einem sehr niedrigen Gewölbe aus Geschrei«.[22]

Oben an der *Rua dos Sapadores* gehen wir nach links und biegen gleich darauf noch einmal nach links ab, dann sehen wir in der *Rua da Graça* schon das Kachelschild *Estrella d'Ouro* – eine Stadt in der Stadt, die bestgelegene, schönste und luftigste *vila* überhaupt. Wir verlassen die Estrella an der *Rua da Senhora do Monte* und kommen zu dem idyl-

In der Alfama

lischen Aussichtspunkt *Miradouro da Nossa Senhora do Monte* mit der Kapelle für unsere liebe Frau vom Berge. »Nichts können Landleben oder Natur mir geben, das der unebenmäßigen Erhabenheit der stillen Stadt im Mondlicht, von Graça oder São Pedro de Alcântara aus gesehen, gleichkäme. Und kein Blumenstrauß hat für mich je die farbige Vielfalt Lissabons im Sonnenlicht.«[23]

Wir steigen die steile *Calçada do Monte* hinab (wer sich den Aufstieg zu den *viles* erspart hat, kommt von der Rua da Graça über die *Rua Damasceno Monteiro* zur Calçada) und gehen links zum *Largo das Olarias*. Der »Platz der Töpfereien« erinnert daran, daß wir wieder in der Mouraria sind, wo die Mauren neben Wasser- und Ölmühlen Werkstätten betrieben. Die *Travessa do Jordão* (Tor Nr. 18 führt in die Vila Luz Pereira) und die *Calçada da Mouraria* bringen uns, »um tausendundeine Begegnung mit dem Unerwarteten reicher«,[24] zurück zum *Largo Martim Moniz*, zur »Milchstraße der Laternen des Martim-Moniz-Platzes, die kein Finger entwirrt«.[25]

Exkurs: *»Absinth im goldenen Kelch ... lustspendender Schmerz«*[1]

Saudade – Wehmut, die in der Seele wohnt

»Auch schreib' ich selbst nicht wie mich Qual zerreibt; / Ich übersetze, was ins freudeleere, / Trübsel'ge Herz sehnsücht'ge Liebe schreibt.«[2] Camões' Elegien und Kanzonen sind wohl das früheste literarische Denkmal der Saudade: »Eine vage, im Aufbruch gebrochene Sehnsucht, eine richtungslose Richtung des Herzens, die vor der Tat, vor der Erfahrung, die schon vor der Konfrontation mit der Konkretheit der Welt die Waffen streckt und strandet«[3] – und im Küstennebel steckenbleibt, aus dem der »Ersehnte«, der 1578 in Marokko gefallene und spurlos verschwundene Dom Sebastião eines wunderschönen Tages auftauchen und Portugal die verlorene Größe wiederbringen soll. Anfang des 20. Jahrhunderts erlebte die Saudade mit dem Saudosismo Teixeira Pascoaes' und Camillo Pessanhas eine Blütezeit und wurde zum Inbegriff der portugiesischen Identität – die sich selbst genügende, Lebensgefühl gewordene Tiefe des Seelenschmerzes. Träume, die an allen Klippen zerschellen.

»›Saudade‹ umfaßt alle erdenklichen Gefühle von dem leisen, sehnsüchtigen Wunsch bis zum tiefsten Weltschmerz. [...] Es ist kein zur Tat aufstachelnder Schmerz, sondern eine ganze Skala von Gefühlen zwischen Wehmut und Resignation. ›Saudade‹ ist passives Leiden, ist Schwermut über etwas Unerreichbares.«[4] Dieses Gefühl fatalistischer Melancholie, das sich in der portugiesischen Literatur nuancenreich ausdrückt, begleitete auch das Leben ihrer Literaten; manche wählten den Freitod, andere fügten sich geschlagen ins Schicksal des »morbus portogallus«. Im ausgehenden 19. Jahrhundert gab es in Lissabon einen Zirkel, »Die vom Leben Besiegten«, dem sich 1887 auch Eça de Queiroz anschloß.

Die Saudade findet ihren Ausdruck im Fado (von lat. »fatum«, etwa: »Schicksal«). Die volkstümliche Wehmutsmelodie mit den getragenen, gedehnten Zwischentönen mutet orientalisch an und grenzt sich klanglich von der ländlichen Volksmusik ab; die Texte erzählen von Sehnsucht, Schicksal und Schmerz, aber auch von der Liebe und dem Leben der einfachen Leute in der Stadt. Begleitet von der tonangebenden zwölfsaitigen »guitarra portuguesa« (Laute) und der sanften »viola«, der klassischen Gitarre zur rhythmischen Begleitung, geben sich die »fadistas«, fast ausnahmslos »kleine Leute«, weltentrückt und genußvoll im wahren

Wortsinn ihrer Leidenschaft hin: »no gosto de ser triste«[5] –
dem Genuß, traurig zu sein.

Mitte des 19. Jahrhunderts entdeckten die Romantiker den
Fado wieder, um die Jahrhundertwende wurde er salon-
fähig, davor war er nur in den übelbeleumundeten Schenken der ärmeren Viertel zu hören, in der Alfama, der Mouraria und im Bairro Alto, wo Seeleute, Zuhälter, Prostituierte
und Bohemiens verkehrten. Dann aber wurde er so beliebt,
daß die ganze Nation sang und für die nächtliche Bestäti-
gung der Sinnlosigkeit allen Mühens und der Vergeblichkeit
allen Strebens ihr letztes Geld ausgab. Der Estado Novo
fand den Fado gefährlich und verbot ihn. Die Leute sollten
nachts schlafen und tagsüber arbeiten und sich nicht im süßen Schmerz des Scheiterns suhlen.

Während der wehmütige »fado de Lisboa« bei den Rechten
erst als staatszersetzend verschrien war, wurden von offi-
zieller Seite Versuche unternommen, den munteren, melodiö-
sen »fado de Coimbra« aus den Gassen der altehrwürdigen
Universitätsstadt zu einer Art Nationalmusik zu erheben.
Doch dies mißlang, und so wurde der Fado eben als Ganzes
vereinnahmt und als »eines der staatstragenden ›3 F‹«[6] ge-
fördert – Futebol, Fátima, Fado –, wogegen nun die Linke
einiges einzuwenden hatte ... Jedenfalls erfreut sich der
Fado seit den fünfziger Jahren wieder großen öffentlichen
Zuspruchs, und besonders Amália Rodrigues (1920-1999)
verlieh ihm eine neue Prägung.

Er wurde aber auch als Touristenattraktion entdeckt. Im
Bairro Alto gibt es viele Lokale, die in künstlich-pittoresker
Umgebung für teures Geld mittelmäßiges Essen zu leiden-
schaftslosem Fado servieren. Schlichte, volkstümliche Lokale, wo im Gegensatz zum »fado professional« der »fado
vadio« gepflegt wird, sind selten geworden. Dort gibt es
zwei Musikanten zur Begleitung der Fadistas: Laien, Gäste

aus der Nachbarschaft, die sich spontan zu ihrer Lieblings-weise erheben und vortreten, die Frauen legen dazu meist ein Schultertuch um, den »xaile« – im Gedenken an Maria Severa (1810-1836), die große Fadista; durch die skandal-umwitterte Liebe zu einem Adligen wurde sie zur Titelfigur des ersten portugiesischen Tonfilms *A Severa*.

Der Fado beeinflußt jede musikalische Neuerung im Land, ob er nun jazzig daherkommt oder als »fado bailando« (zum Tanzen). Mit Gruppen wie Madredeus, mit Sängerin-nen wie Mísia (geb. 1960) und Mariza (geb. 1976 in Mozam-bique) erlebt der Fado nach Amália wieder neue Höhe-punkte.

In der Alfama, in Madragoa und im Bairro Alto ist der Fado zu Hause. Die Veranstaltungen beginnen gegen 21 Uhr. Be-kannte Lokale werden oft von größeren Gruppen besucht, daher ist eine Reservierung ratsam. In den volkstümlichen Lokalen wird meist erst zu späterer Stunde gesungen. Eine Liste empfehlenswerter Lokale findet sich im Anhang.

»Waschechte ›Lisbier‹« [1]

Madragoa, Lapa, Estrela und Campo de Ourique

Die Aufschüttung und Befestigung des Tejo von Santa Apolónia bis nach Belém war schon 1742 geplant, nach dem Erdbeben hatte jedoch der Wiederaufbau Vorrang, und so wurde der »Aterro« erst 1860 in Angriff genommen. Auch die Kaianlagen wurden gemäß den neuen Anforderungen der Dampfschiffahrt modernisiert, und um die Jahrhundertwende entstand der neue Hafen östlich des Terreiro do Paço.

Vom *Cais do Sodré* gehen wir ein kurzes Stück die *Avenida Vinte e Quatro de Julho* entlang, »um die Schienen und den Fluß, der voll verblaßtem Glitterstaub die Flut erwartete, nicht aus dem Blick zu verlieren, rechts von ihm ohnmächtige Lokomotiven und die Lämmerwellen und die Schornsteine der Kreuzer«.[2] Dann betreten wir schräg gegenüber dem Cais den imposanten Bau von 1882 mit der großen Kuppel, den *Mercado da Ribeira*, und gehen durch das bunte Treiben zur *Rua da Ribeira Nova* und zur *Rua Dom Luís*. Nach etwa fünfhundert Metern biegen wir rechts in die *Rua Instituto Industrial* zum *Largo do Conde do Barão* ein und kommen ins volkstümliche Santa-Catarina-Viertel mit kleinen Werkstätten, Läden, Bars und Tascas, die abends vor allem in der *Rua das Gaivotas* und der *Rua do Poço dos Negros* locken.

Wir überqueren die *Avenida Dom Carlos I* am *Chafariz da Esperança*, den Carlos Mardel entworfen hat. Schon sind wir mitten in *Madragoa*, wo Kapverdier Tür an Tür mit waschechten Alfacinhas leben und wo früher die Fischweiber zu Hause waren. Im 16. Jahrhundert hieß das verwinkelte Viertel mit den steilen Treppen und den schmalen Gäßchen Bairro do Mocambo und wurde vornehmlich von Schwarzen bewohnt, von Sklaven und auch von Freien. Dann wurde es die Heimat der Varinas »mit ihren riesigen, vor Wut dröhnenden Kehlen«.[3] Die **Rua da Esperança** geht in die **Rua Santos-o-Velho** mit der doppeltürmigen Kirche über und führt direkt in die **Rua das Janelas Verdes**. Vorbei am Hotel *York House* in einem ehemaligen Marianenkloster, in dem man unschwer Nootebooms »Essex House« erkennt, kommen wir zum **Museu Nacional de Arte Antigua** in einem Palácio von 1690, dessen Fensterläden einst grün gestrichen waren, daher der Name »Straße der grünen Fenster«. Besonders erwähnenswerte Exponate der umfangreichen und international bedeutenden Sammlung sind die Gold- und Silberschmiedearbeiten, allen voran die manuelinische Monstranz, die der Dramatiker und Goldschmied Gil Vicente 1506 aus dem ersten brasilianischen Gold für das Kloster in Belém angefertigt haben soll, und »in Öl gemalte Porträts der Prinzen in den Altamirahöhlen des Museums für Alte Kunst«[4]: Nuno Gonçalves' manuelinisches Hexaptychon *Anbetung des heiligen Vinzenz* aus dem 15. Jahrhundert mit sechzig Darstellungen berühmter Persönlichkeiten, angefertigt für den Altar von São Vicente de Fora – wo das Bild im Schutt verrottete und zufällig von Columbano Bordalo entdeckt und gerettet wurde. Es gilt als ein Meisterwerk portugiesischer Porträtmalerei. Heinrich der Seefahrer, ganz in Schwarz, steht rechts neben dem Heiligen. Auch Hieronymus Boschs Altarbild *Die Versuchung des heiligen Antonius* samt »Golgathaszene« auf der Rückseite ist hier zu bewundern. Das Werk spielt in Tabucchis *Lissabonner Requiem* eine zentrale Rolle und inspirierte ihn überdies zu seinem Traktat *Stimmen, die von irgend etwas herangetragen werden, unmöglich zu sagen, von was.* In der Cafe-

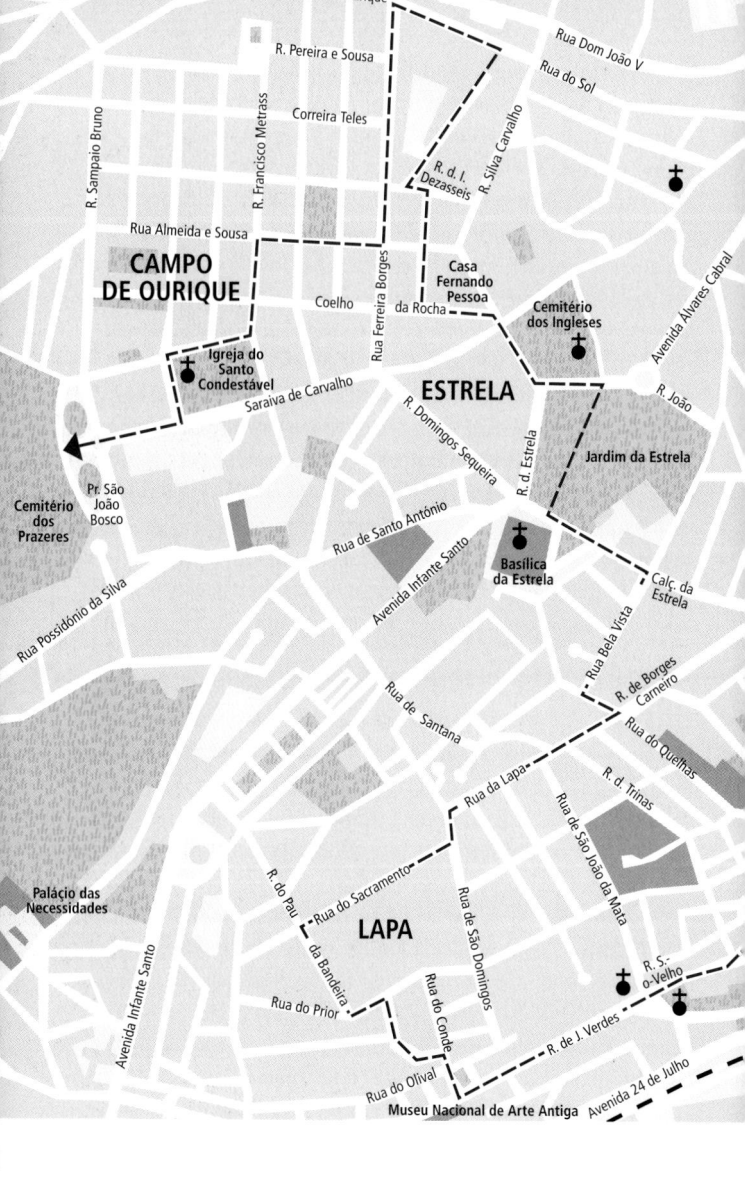

teria kann man bei einem wundervollen Blick über den Fluß den literarischen Cocktail »Janelas Verdes' Dream« genießen,[5] bevor der Weg weiterführt.

»Den ganzen Sommer hindurch unternahm er allabendlich seinen gewohnten Spaziergang. Doch gerade der Anblick idyllischer Straßen weckte in ihm die Erinnerungen an verlorenes Glück.«[6] Diese Straßen liegen oben in Lapa. Das Viertel, das Mitte des 18. Jahrhunderts entstand, zieht sich an einem Hügelkamm entlang und ist die beste Adresse der Innenstadt. Auch Politiker und Diplomaten aller Herren Länder residieren inmitten üppigen Grüns zwischen dem Außenministerium in Joãos V. Königspalast *Palácio das Necessidades* im Westen und dem Parlament im klassizistischen weißen *Palácio de São Bento* im Osten sowie dem Palacete Sotto-Maior, dem Sitz des Premiers im Palastgarten.

Vom Museum gehen wir die *Rua do Conde* und die *Rua de São Francisco de Borja* bergan. »Das Haus der Familie Maia in der Rua São Francisco de Paula war als Ramalhete bekannt. [...] Gewiß rührte der Name Ramalhete von einigen zu einem Viereck zusammengefügten Kacheln her, die an Stelle des Wappens – ein solches war niemals angebracht worden – einen großen Strauß Sonnenblumen zeigten.«[7]

Über die Rua do Prior kommen wir in die Rua do Pau da Bandeira und biegen rechts in die *Rua do Sacramento à Lapa* mit der verspielten Fassade der Casa do Visconde de Sacavém in Nr. 24 ein. Wir schlendern durch die *Rua da Lapa* und haben an der Ecke zur Rua de São João da Mata einen herrlichen Blick auf den Tejo. »Durch die Tür sah man die Straßen zum Tejo und dort unten die Winden und Kräne des Flusses, Schornsteine von Frachtern, weiße Möwenpunkte, die Illusion von Wasser, den von der Nacht übriggebliebenen Nebel, der sich langsam hinter den Dächern am Ufer auflöst.«[8]

Über die Rua dos Navegantes kommen wir in die **Rua Bela Vista à Lapa**, in Nr. 17,1° wohnte einst Pessoa. Sie führt auf die **Calçada da Estrela**; auch dort wohnte Pessoa 1906 für kurze Zeit im Eckhaus. Vor uns ragen nun schon die imposante Vierungskuppel und die beiden erhabenen Türme der Basílica da Estrela aus weiß strahlendem Alcântara-Kalkstein auf.

Die Basilika ist eines der schönsten spätbarock-frühklassizistischen Bauwerke und der letzte bedeutende christliche Sakralbau der Stadt. Errichten ließ ihn die pietätvolle Maria I. 1777 nach ihrer Thronbesteigung von dem Ludovice-Schüler Mateus Vicente de Oliveira. Um einen Sohn zu erbitten, hatte die Dona 1760 ein Gelübde abgelegt, 1761 wurde der spätere João VI. geboren, doch erst als Pombal ins Exil geschickt wurde, seine Reformen rückgängig gemacht und aufklärerische Ideen mit den Mitteln der Inquisition bekämpft wurden, gab Rom sein Placet. Maria I. starb 1816, dem Wahnsinn anheimgefallen, und ruht im Querschiff der Basilika. Im Inneren sind Skulpturen und eine Krippe von Machado de Castro und der Hochaltar des italienischen Meisters Pompeu Batoni zu sehen.

Der **Jardim da Estrela** ist nach dem Parque Eduardo VII der zweitgrößte Park und ganz sicher eine der beliebtesten Anlagen Lissabons. Alter Baumbestand, eine Palmenallee, Statuen, Fontänen, Teiche mit Schwänen und Enten, ein Miradouro und der große gußeiserne Musikpavillon, 1884 für den Passeio Público gebaut, schaffen ein lauschiges Idyll. Auch an Lesestoff mangelt es nicht, den man sich bei der Biblioteca do Jardim im kleinen grünen Quiosque ausleihen kann. Nordwestlich des Parks liegt hinter hohen Mauern der älteste Friedhof der Stadt, der **Cemitério dos Ingleses**. Hier ruht auch Henry Fielding, der 1754 am Ende einer langen, strapaziösen Seereise in Lissabon starb. Dos Passos besuchte das Grab 1919 und versuchte, die »Inschrift in richtig schwülstigem Stile« zu entziffern, »die das Moos teilweise ausgelöscht hat«.[9] Mittlerweile ist das pompöse Grabmal des Henrici Fielding mit der lateinischen Inschrift wieder vom Moose befreit.

Wir überqueren die *Rua Saraiva de Carvalho*, wo Almeida Garrett in Nr. 53 wohnte, und besuchen in der *Rua Coelho da Rocha 16* die letzte von Pessoas »Wohnungen der Einsamkeit«.[10] Die *Casa Fernando Pessoa* ist seit 1993 in dem renovierten und umgebauten Haus beheimatet. »Die Tür ist dieselbe, auch die hohe Eingangshalle [das Horoskop des Dichters wurde in den Marmor graviert] und die Treppen, die Pessoa zu seinem Zimmer hinaufstieg; der Rest ist ein Raum für Erfindungen, und das ist Poesie, wie es in dem Entwurf verstanden wird, der [...] dem privilegierten Ort, an dem [...] Pessoa sein inneres Land wiederfinden könnte, Transparenz und Licht verleiht.«[11] In der dreistöckigen offenen Konstruktion gibt es eine Lyrikbibliothek, Ausstellungs-, Konferenz- und Arbeitsräume, einen luftigen Innenhof mit Restaurant, zu dem ein Durchgang mit den Horoskopen seiner Heteronyme führt, und es gibt das »Pessoa-Zimmer« im ersten Stock, von dem allerdings niemand weiß, wie es aussah, und so wird es von Künstlern immer wieder »neu erfunden und ausgestattet«.[12]

Das Pessoa-Haus liegt auf dem *Campo de Ourique*, einer Hochfläche, die ab 1886 im Planstil urbanisiert wurde und Anfang des 20. Jahrhunderts besonders bei Künstlern und Intellektuellen zum beliebtesten Viertel der Stadt avancierte, eines der lebendigsten ist es noch immer. Früher standen hier nur wenige Gebäude, heute sind neben Jugendstilgebäuden auch viele neusachliche Bauten zu sehen. Benannt ist das Viertel nach dem Ort Ourique im Alentejo, wo 1139 die Schlacht zwischen Afonso Henriques und den Mauren tobte. Besonders der »große« Alexandre Herculano hat sich eingehend mit diesem Thema befaßt.[13]

Über die *Rua Luís Derouet* stoßen wir auf eine Straße, die in Lidía Jorges Roman *Nachrichten von der anderen Seite der Straße* einigen Raum einnimmt: In der *Rua de Infantaria Dezasseis* wohnte Davids Freund und Júlias späterer Liebhaber Mão Dianjo, »Engelshand«. »Man hatte ihn mehrmals verhaftet, das ganze Haus in der Infantaria Dezasseis auf den Kopf gestellt, nachts ständiges Auf-der-Hut-sein, aber Mão Dianjo blieb mit dem Aufstand solidarisch. Er war der Aufstand.«[14] In Nr. 46 findet sich ein pombalinischer Patio, und in dem rosa Gebäude an der Ecke zur Rua Ferreira Borges, der Hauptstraße des Viertels, war das 16. Infanterieregiment stationiert, das sich mit den Revolutionären verbündete und 1910 die Monarchie stürzte. (Das 4. Regiment in der Rua Quarto de Infantaria war weniger erfolgreich, als es Dom Miguel absetzen wollte.)

Die Häuschen an der verwinkelten *Travessa de Cima dos Quarteis* und der *Travessa de Baixa dos Quarteis* (»oberhalb« und »unterhalb der Kasernen«) versetzen den Besucher ins 18. Jahrhundert. Die Rua Silva Carvalho führt auf die *Rua do Campo de Ourique*. An der Ecke lohnt ein Blick in die *Boutique do Pão* mit den schönen Jugendstil-Azulejos. Der Gedenkstein an Nr. 93 erinnert an die Revolutionäre von 1910. Direkt gegenüber, vor dem bizarren Hintergrund der Türme von Amoreiras, ist auch noch eine pombalinische Arbeitersiedlung erhalten.

Wir gehen nach links in die *Rua Ferreira Borges*, die Hauptstraße des Viertels. Über die Rua Almeida e Sousa kommen wir zum *Jardim da Parada*, offiziell Jardim Teófilo Braga, früher Parque Maria da Fonte, mit dem Denkmal für das Dorfmädchen aus dem Minho, das 1846 den Aufstand gegen die Cabral-Diktatur anzettelte. Der Nachbarschaftspark mit dem imposanten Baum *Metrosiderus excelsea* lädt zur Rast ein, ebenso die umliegenden Cafés.

Am ehemaligen Kino *Europa* biegen wir links in die **Rua Francisco Metrass** Richtung **Praça de Ourique** ein und kommen durch die große Markthalle von 1933 zur modernen **Igreja do Santo Condestável** mit Fenstern von Almada Negreiros. Die **Rua Saraiva de Carvalho** führt direkt zum **Cemitério dos Prazeres**, dem »Friedhof der Freuden«, wahrscheinlich nach dem Landgut benannt, das früher dort stand und in dem rauschende Feste gefeiert wurden. Der Friedhof wurde 1833 wie eine kleine Pombal-Stadt angelegt, »die verkleinerte, aber exakte topologische Abbildung einer Hauptstadt mit all ihren Gebäuden, Straßen, Plätzen, Palästen, säuberlich in Viertel gegliedert«.[15] An den dreiundsiebzig, teilweise nach Bildhauern und Architekten benannten Straßen stehen unter alten Zypressen Mausoleen, die oft mit Gardinen und anderen Accessoires wohnlich eingerichtet sind. Nach einem Gang durch die weiße Anlage, wo wir auf einige bekannte Namen stoßen – auch Pessoa ruhte von 1935 bis 1985 in Nr. 4371, bevor er nach Belém überführt wurde –, nehmen wir vor dem Friedhof die Elektrische der Linie 25 und lassen uns zur **Praça do Comércio** bringen.

»*Gerichte, die in einem Buch gegessen werden können*«[1]
Die Märkte und das Essen

Unter einer steingemeißelten Karavelle hindurch, vorbei an alten Azulejos mit allerlei eßbarem Getier, betritt man den Mercado da Ribeira. Der eindrucksvolle Stadtmarkt, der »Bauch von Lissabon«, gegenüber dem Cais do Sodré, ist immer noch legendär, auch wenn das frühmorgendliche Großmarkttreiben an den Stadtrand verlagert wurde.

Kohl für die berühmte sämige Suppe »caldo verde«, Kraut und Rüben für Eintöpfe aller Art, »grelos« als Beilage, frischer Koriander für die »açorda« – ein Brei aus gemahlenem, altem Brot – werden an den Ständen feilgeboten, und natürlich Kopfsalat, »alface«. Den lieben sie hier ganz besonders – schon im 18. Jahrhundert war das so, daher wurden die Lissabonner auch Alfacinhas, »Salatköpfchen«, genannt. »Eine Augenweide auf dem Teller die hauchdünnen Blätter vom Inneren eines Salatkopfs, in denen sich, und das ist nicht jedermann bekannt, die unvergleichliche Frische des neuen Tags sammelt, der morgendliche Reif, der Tau.«[2]

An der Stirnseite des Mercado gibt es die Zutaten für den »cozido à portuguesa«, eine Art Schlachtplatte mit verschiedenen Fleisch- und Wurstsorten, die man nebst Speck und Kutteln oder den heißgeliebten Schweinsrüsselchen, -öhrchen und -füßchen bei den Metzgern und Kuttlern ersteht. Es gibt Wild und Geflügel, und natürlich werden auch Meeresfrüchte angeboten, an der Westseite tiefgefrorene Ware, in der Osthalle frischer Fisch, Mollusken, Schalen- und Krustentiere – eben alles, was der Gaumen der Lisboetas begehrt.

Auch die Markthallen im Rato, im Chão de Loureiro, auf dem Campo Santa Clara oder dem Campo de Ourique lohnen einen Besuch.

Im *Lissabonner Requiem*, seiner Liebeserklärung an die Stadt, hat Tabucchi auch die portugiesische Küche bedacht. Geprägt von dem, was die Erde den Bauern und das Meer den Fischern schenkten – und oft auch vorenthielten –, ist diese Küche regional sehr unterschiedlich, doch deftig ist sie allemal. Und reichlich, denn die Portugiesen essen gern. Im Norden lieben sie Eintöpfe, Suppen und Würste, im Süden werden den Fleischgerichten gern Meeresfrüchte beigegeben.

In Lissabon gibt es unzählige Restaurants; in »Freßgassen« wie der Rua das Portas de Santo Antão, parallel zur Avenida da Liberdade, in der Rua dos Correeiros in der Baixa oder der Rua dos Bacalhoeiros unterhalb der Sé sind sie wie auf einer Perlenschnur aufgereiht. Neben den typischen Gerichten der Estremadura – »iscas com elas«, Leber in Weißwein, oder »bacalhau com todos«, Stockfisch mit Kartoffeln, Ei und Gemüse – gibt es auch regionale Spezialitäten. So wartet das Traditionslokal *Casa do Alentejo* mit einer »caldeirada« auf – einem Fischgericht im eigenen Saft aus dem Tontopf oder gar aus dem festverschlossenen Kupfertopf »cataplana«; es gibt »porco à alentejana«, Schweinefleisch mit Venusmuscheln und Koriander, oder »cabrito assado«, gegrilltes Zicklein, und »lulas cheias«, gefüllte Sepie, während in der *Casa Transmontana* »rojões« – Schweinefleisch und Blutwurst in Wein gekocht und mit Kümmel und Knoblauch gewürzt –, »cozido à portuguesa«, »feijoada« oder »sarrabulho«, serviert werden, eine herzhafte Blutsuppe für ehedem schuftende Tagelöhner.

Die traditionellen Speisen aus Trás-os-Montes, dem Land

hinter den Bergen im Norden, und aus dem Alentejo, der Region jenseits des Flusses, haben die Küche ganz Portugals erobert und gelten nachgerade als Nationalgerichte. Doch beliebt sind auch »sardinhas« und »carapaus« (Stökker) vom Grill und natürlich der unvermeidliche Stockfisch. Für den »bacalhau« soll es für jeden Tag im Jahr eine andere Zubereitungsart geben, denn er ist der sprichwörtlich »treuste Freund« des Portugiesen und darf, vor allem bei wichtigen Anlässen, auf keinem Tisch fehlen. Wie überhaupt der Fisch.

»Wenn ich nun von einem ganz elementaren Ding in Lissabon sprechen soll, und nicht nur von der ungeheuerlichen, noch nie erlebten Hitze, von der Feuerluft, so muß ich vom Lärm reden. [...] Die vielen stummen Fische, die man in den Straßen herumtrug [...], zeigte man offenbar, um anzudeuten, daß man auch das Schweigen kannte, wenigstens in dieser Gestalt, daß man es anerkannte und ehrte, um es gebraten zu sich zu nehmen«,[3] so Döblin.

Schwertfisch, Hornhecht, Rotauge, Knurrhahn, Wolfsbarsch, Seeteufel – Dutzende und aber Dutzende Fischarten werden täglich aus dem Atlantik gefischt und landen am Kai von Pedrouços und auf den Fischmärkten. Früher wanderten sie in die »canastra«, den flachen runden Korb, den die singenden und rufenden Fischweiber auf dem Kopf direkt zur Kundschaft und auf Stadtteilmärkte balancierten oder gleich selbst zum Verkauf anboten. Mittlerweile wurde dies aus hygienischen Gründen verboten, doch rund um den Cais do Sodré handeln die Frauen weiterhin.

Frischer Fisch, Fleisch und Gemüse sind in Portugal so gut, daß man die Küche nicht unnötig »raffinieren« muß. Man kann sich getrost von seiner Nase führen lassen. Mittags und abends sind die Straßen der Wohnviertel, und die beginnen gleich rechts und links der Hauptverkehrsadern, von unwiderstehlichen Düften erfüllt. Sie kommen nicht nur aus den häuslichen Küchenfenstern – die »tascas«, schlichte Stammlokale der Leute aus der Nachbarschaft, bieten eine große Auswahl an Gesottenem und Gebratenem und locken oft mit der »fogueira«, dem Holzkohlengrill. Fisch wird gebraten, und mit Zitrone und Olivenöl beträufelt, dazu gibt es Kartoffeln und Salat, und, warum nicht, einen frischen, leicht moussierenden Vinho Verde aus dem Minho.

Groß ist auch die Palette an kunstvollem Zuckerwerk in den »pastelarias«, dem die Liebe und Leidenschaft der Portugiesen gilt. Entstanden sind die Naschereien wie so manches andere auf Portugals Tellern in den Küchen der Klöster, wo einerseits die Nonnen große Mengen Eiweiß zum Stärken ihrer Hauben brauchten, anderseits zum Backen der Hostie nur Eiklar verwendet wurde und viel Dotter abfiel. So haben die goldgelben Konfekte so verheißungsvolle Namen wie »Nonnenbauch«, »Pfaffenöhrchen«, »Engelsbäckchen« oder »Himmelsspeck«. Vermutlich wirken die läßlich-sündigen Bömbchen aus Ei und Zucker oder aus »Muttermilch und Honig«[4] auch als Antidot gegen die Saudade.

Im Anhang finden sich für alle, die sich neben ihrer Tasca oder ihrer Bar an der Ecke – wo in Form von »bolinhos« oder »croquetes« und »rissóis« auch immer süße und salzige Kleinigkeiten angeboten werden – etwas Besonderes gönnen wollen, empfehlenswerte Lokale mit besonderem Ambiente.

»*Da hast du die Avenida!*«[1]

Von der Praça dos Restauradores
zum Parque Eduardo VII

Stolz präsentierte João da Ega in *Die Maias* seinem lange im Ausland lebenden Freund Carlos da Maia die neunzig Meter breite und anderthalb Kilometer lange, sanft nach Norden ansteigende Prachtstraße der Stadt, die neue Avenida da Liberdade. Mit ihrem Bau war 1879 begonnen worden, sie sollte nach den Vorstellungen des ehrgeizigen Bürgermeisters Rosa Araújo im Stil der Champs-Élysées die Unterstadt mit den neuen Vierteln im Norden verbinden und war Teil seines umfassenden Plans zur Modernisierung Lissabons – wo es doch »seit dem Tod von Dom João VI. nichts Neues gibt«.[2] Dieses Vorhaben wurde jedoch erst im neuen Jahrhundert verwirklicht, nachdem die Bevölkerung dramatisch angewachsen war und mehr Raum brauchte, dem der Fluß im Süden eine Grenze setzte. Die Bebauung der Avenidas schritt von Süden nach Norden fort, und man kann unten an der Avenida da Liberdade noch neoklassizistische Stadthäuser sehen, meist jedoch in erbärmlichem Zustand, während weiter oben Jugendstil und Art deco dominieren, bis schließlich in der Avenida da República die Neusachlichkeit der zwanziger und dreißiger Jahre beginnt.

Am *Rossio* kann man immer eine Promenade oder eine Spazierfahrt beginnen. Auch Thomas Manns Felix Krull ließ sich, gerade angekommen, von dort zum Hotel bringen und geriet sofort in den Bann dieser Stadt. Nachgerade begeistert war er von der *Avenida da Liberdade*: »Eine der prächtigsten Straßen, die mir je vorgekommen, dreifach laufend, mit einer elegant belebten Fahr- und Reitbahn in der Mitte, zu deren Seiten noch zwei wohlgepflasterte Alleen, geschmückt mit Blumenbeeten, Statuen und Fontänen, gar herrlich dahingehen. An diesem Prunkcorso war mein in der Tat palastartiges Absteigequartier gelegen«[3] – heute das *Avenida Palace* an der **Praça dos Restauradores** mit dem schönen Jugendstilkiosk.

In der Mitte des Platzes mit einem Mosaikpflaster von Abel Manta steht seit 1886 das Denkmal für die Aufständischen, die am 1. Dezember 1640 die sechzig Jahre während spanische Herrschaft beendeten; der Restaurationstag wird in Portugal noch immer als Feiertag begangen. »Auf einer weiten freien Fläche, die bei Carlos' Abreise noch der stille, dicht belaubte Passeio Público war, ragte ein zuckerfarbener Obelisk mit bronzegetöntem Sockel in das zarte, flimmernde Licht des Winterhimmels. Die großen, durchsichtigen Lampenglocken um ihn herum funkelten im Sonnenschein wie in der Luft schwebende riesige Seifenblasen.«[4] Trotz der Proteste der Bevölkerung hatte die Avenida den pombalinischen »passeio público« im ehemaligen Flußtal verdrängt und damit auch den Park Valverde, der zu Zeiten Marias II. den Rossio als Treffpunkt und Flaniermeile samt kulturellen Darbietungen abgelöst hatte. »Diese beiden starren Reihen geckenhaft anmutender Häuser erinnerten Carlos an die Familien, die nach der Ein-Uhr-Messe in Reih und Glied wie erstarrt dastanden, im Sonntagsstaat, in Kaschmir und Seide gehüllt, und der Musikkapelle lauschten. Das Pflaster glänzte wie frischer Kalk. Hier und da duckte sich ein Strauch, dessen spärliches blasses Laub sich sanft im Wind bewegte. Im Hintergrund verliehen der grüne, mit einzelnen Bäumen bestandene Hügel und das Gelände von Vale de Perreiro jener Attacke billigen Luxus einen schroffen ländlichen Abschluß, eines Luxus, der ausgezogen war,

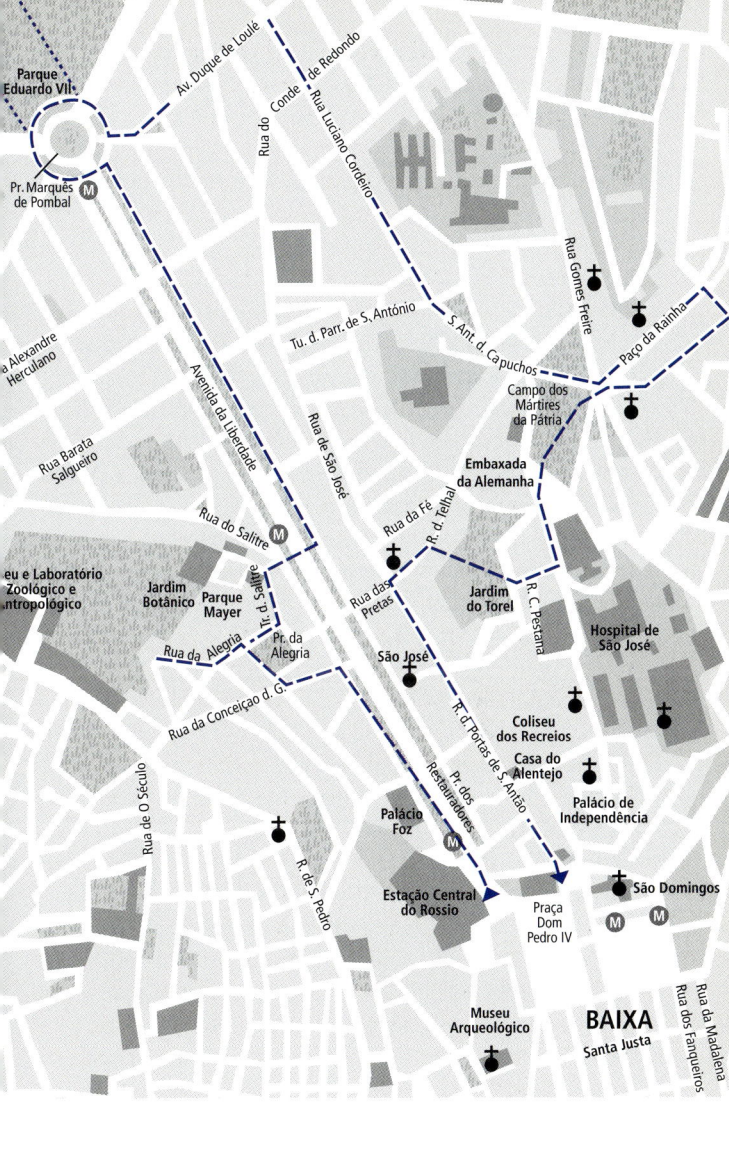

Parque
Eduardo VII

Av. Duque de Loulé

Rua do Conde de Redondo

Rua Luciano Cordeiro

Pr. Marquês
de Pombal

a Alexandre
Herculano

Rua Barata
Salgueiro

Tu. d. Parr. de S. António

S Ant. d. Capuchos

Rua Gomes Freire

Paço da Rainha

Campo dos
Mártires
da Pátria

Avenida da Liberdade

Rua de São José

Embaixada
da Alemanha

eu e Laboratório
Zoológico e
ntropológico

Rua do Salitre

Rua da Fé

R. d. Telhal

Jardim
Botânico

Parque
Mayer

Tr. d. Salitre

Pr. da
Alegria

Rua das Pretas

Jardim
do Torel

R. C. Pestana

Hospital de
São José

Rua da Alegria

São José

Coliseu
dos Recreios

Rua da Conceição d. G.

R. d'Portas de S. Antão

Casa do
Alentejo

Palácio de
Independência

Rua de O Século

R. de S. Pedro

Palácio
Foz

Pr. dos Restauradores

São Domingos

Estação Central
do Rossio

Praça
Dom
Pedro IV

Museu
Arqueológico

BAIXA

Santa Justa

Rua da Madalena

Rua dos Fanqueiros

die alte Stadt zu verändern, und der sogleich wieder mit kurzem Atem zwischen Geröllhaufen zum Stocken kam«, mäkelt Eça 1888 über sein unglückliches Land, das sich wie so oft an Paris orientierte und sich modern geben wollte, »nachdem es seinen alten, nach Dom João VI. ausgerichteten Charakter, der ihm so gut stand, aufgegeben hatte«.[5]

Als einzige Relikte des Passeio haben die beiden Wasserbekken unterhalb der Praça da Alegria und der Rua das Pretas ihren Charakter bewahrt; die Brunnenfiguren symbolisieren die Flüsse Tejo und Douro. Das Ambiente jedoch hat sich stark verändert, nachdem viele historische Gebäude gesichtslosen Zweckbauten weichen mußten und der Verkehr die zehn Baumreihen und Palmen erstickt. Auch die Cafés mit dem schmiedeeisernen weißen Mobiliar auf dem Mittelstreifen, die Stefan Zweig begeisterten, wiewohl ihm die Avenidas »etwas balkanisch anmuten«,[6] sind verschwunden. Dennoch findet man Oasen und kann nachvollziehen, was John Dos Passos 1919 in einem Brief schrieb: »Hier auf dem Boden meiner Vorfahren sitze ich in einsamer Herrlichkeit beim Kaffee an einem kleinen weißen Tisch auf der Avenida da Liberdade.« Er war zum ersten Mal im Land seiner Ahnen und fand sich den Portugiesen sehr zugetan. »Bliebe ich länger bei ihnen, würde mich vermutlich eine sentimentale Zuneigung zu ihnen ergreifen und ich würde beim Abschied dicke, republikanische Tränen weinen.« Doch andererseits: »Wie kann ich länger in einem Land bleiben, wo man mich Dsch-Pas-sch nennt. Stell Dir das vor! Meine ehrenwerten Vorfahren nannten sich Dsch Pas-sch. Verstehst Du jetzt, warum ich nicht an Gott glaube?«[7] Eine literarische Erklärung liefert Mercier: »Gregorius hörte nur einen Fluß von Zischlauten, die verschluckten, kaum hörbaren Vokale schienen nur als Vorwand dazusein, um das rauschende *sch* am Schluß stets von neuem wiederholen zu können.«[8]

Inzwischen sind wir auf der *Praça da Alegria* angekommen. Der Park ist dem Gedenken Alfredo Keils gewidmet (1850-1907). Sein Werk *A Serrana* gilt als Nationaloper, und sein Lied *A Portuguesa* ist seit 1911 Nationalhymne; die Büste stammt von Texeira Lopes, der auch Eça modellierte. An diesem Platz tummeln sich Eças Romanfiguren; Luisa und Basílio (*Vetter Basil*), verabreden sich dort; dort wohnt sein schillerndes Cenáculo-Mitglied Damião (*Die Hauptstadt*), dort treffen sich auch Tabucchis Pereira und Monteiro Rossi bei einem Fest der Salazar-Jugend. Folgt man der *Rua da Alegria*, kommt man zum Brunnenhaupt *Mãe d'Água*. Im hohen Gewölbe der ehemaligen öffentlichen Waschküche kann man nun im *Chafariz do Vinho* Weine verkosten.

Rechts können wir einen Abstecher zum *Jardim Botânico* machen, dessen florale Pracht sich bis hinauf zur Rua da Escola Politécnica zieht. »Er hat in ganz Europa nicht seinesgleichen dank einem Klima, worin die tropische Flora ebenso gedeiht wie die der mittleren Zone. [...] Gehen Sie sogleich und sehen Sie sich die Baumfarne aus der Steinkohlenzeit an! Das ist mehr als kurzatmige Kulturhistorie. Das ist Erdaltertum«,[9] sagt Professor Kuckuck zu Felix Krull. Über die *Travessa do Salitre* kommen wir zum *Parque Mayer*, einem Theater- und Vergnügungskomplex, der 1922 auf dem Gelände der Industriellenfamilie Lima Mayer (mit der auch Pessoa geschäftliche Verbindungen unterhielt) eröffnet wurde. Selbst in der Salazar-Zeit wurden hier die seit dem 19. Jahrhundert beliebten und schon seit Bocage aus den Theatern der Rua do Salitre bekannten »revistas« – musikalische Darbietungen mit politischer Satire – im Stil der Pariser Revuen aufgeführt. Nach der Nelkenrevolution verkam der Parque, nun soll er von Frank Gehry neu gestaltet werden.

Am Denkmal für die Gefallenen des Ersten Weltkriegs gehen wir auf die rechte Straßenseite, wo mit dem *Prémio Valmor* ausgezeichnete Gebäude erhalten sind, u. a. das neoklassizistische *Cinema Tívoli*, Nr. 188, und die *Casa dos Geminados (Mitsubishi)*, Nr. 206-218, sowie der Sitz des *Diário de Notícias* in Nr. 266 mit einem Wandgemälde von Pessoas Freund Almada Negreiros im Foyer, dem *Planisfério*. Früher war in Nr. 222 das *Deutsche Institut* zu Hause, das Curt Meyer-Clason von 1969 bis 1976 leitete. Zu seinem Amtsantritt bis zum Umzug in den Palácio Valmor war das *Instituto Alemão* eher eine bürokratisch düstere, staubige Angelegenheit. »Ich öffne die zimmerhohen Läden der einzigen Fenstertür, verschwiegen filtert silbriges Nachmittagslicht aus der Rua Santa Marta herein [...]. Ich öffne Schubladen und Schränke. Lose Blätter umsegeln mich, Staubschwaden umwölken meine Augen, Briefbündel prallen gegen meinen Brustkasten und poltern zu Boden. [...] Wieder trete ich ans Fenster an der Ecke zur Rua Marta, wünsche mich hinüber ins jugendliche Kommen und Gehen im Eckcafé *Smarta*.«[10] Das *Smarta* an der Ecke Barata Salgueiro und Rodrigues Sampaio gibt es immer noch, die Nr. 222 mußte jedoch einem Bankgebäude weichen.

»Am Ende einer breiten Allee steht ein ungeheuer schwungvolles, allegorisch verschnörkeltes und barock gesteigertes Denkmal in der Nähe einer schönen, noch nicht fertigen Parkanlage«[11]: die **Praça Marquês de Pombal**, kurz **Rotunda** genannt, mit dem Standbild des Gründers des Passeio Público, das 1934 auf dem 1882 gelegten Fundament errichtet wurde. »Der nährende Vater, der Vater des Vaterlands, / Der fabelhafte Carvalho, der lusitanische Atlas, / Dessen inneres Aug' / Die dunkelopaken Geheimnisse schaut, / Wo schlaue Politik sich birgt«,[12] spöttelt Bocage, der unter Pina Manique, Pombals Polizeichef und Nachfolger, schwer zu leiden hatte. Das Denkmal stellt den Staatsmann mit Blick auf die

Baixa dar, umgeben von einer Dame – Lissabon, das er aus der Asche wiederaufgebaut hat –, von Bauern und Handwerkern und gestützt vom Tempel der Weisheit zu Ehren seiner Verdienste für die Volksbildung.

Auf dem Platz laufen vier weitere Avenidas zusammen, oben schließt sich der *Parque Eduardo VII* an. Die Wege der streng geometrischen Anlage führen auf eine Terrasse, wo sich bei klarer Sicht ein weiter Blick über die Stadt, den Fluß und das andere Ufer bis hin zur Serra da Arrábida bietet. Sehenswert sind auch die überdachten und komplex angelegten Landschaftsgärten, die Gewächshäuser *Estufa Fria* mit heimischen subtropischen Pflanzen und *Estufa Quente* mit Europas größter Kakteensammlung.

Vom Platz biegen wir in die *Avenida Duque de Loulé* ein, gehen an der Rua Camillo Castel Branco mit dem Denkmal für den heute noch gerne gelesenen romantischen Erzähler des 19. Jahrhunderts vorüber und kommen über die *Rua Luciano Cordeiro* langsam auf den Sant' Ana-Hügel zwischen den ehemaligen Flußläufen und Feldfluren der heutigen Avenida und der Rua da Palma. Wir kreuzen die *Rua do Conde de Redondo* mit dem platzgreifenden Eckhaus der Kriminalpolizei an der Rua Gomes Freire, Schauplatz von Antunes' *Die Leidenschaften der Seele*, und mit dem Morddezernat von Pires' Kommissar Otero, der in den sechziger Jahren, einer dunklen Zeit im Land, einen mysteriösen Mord am »Hundestrand« aufzuklären hat. »Er tritt ans Fenster. Die Straßenbahnen mit ihren heraushängenden Menschentrauben fahren langsam die Rua do Conde de Redondo hinauf. Fliegentrauben. Da sind Straßenverkäufer, verfolgt von gallenbitteren Polizisten, Snackbars, Schaufenster mit elektrischen Küchengeräten [...]. Das ist die Rua Conde Redondo an einem Tag wie jedem im Jahr: eine steile Straße, die zum Gefängnis und zum Irrenhaus Miguel Bombarda führt, zu

Absteigequartieren, Kasernen und zu sonstigem, was zwar da ist, man aber nicht sieht.«[13] Das Bombarda, Wirkungsstätte von António Lobo Antunes, der früher dort als Psychiater arbeitete, ist von zentraler Bedeutung in seinem Roman *Einblick in die Hölle* – eine Hölle, die er nicht einmal in Angola erlebt hatte und die sein Werk prägen sollte. »Und erst 1973, als ich im Hospital Miguel Bombarda ankam, um die lange Reise durch die Hölle zu beginnen, stellte ich fest, daß die Nacht tatsächlich aus der Stadt, von den Plätzen, aus den Parks und den Friedhöfen der Stadt verschwindet, um sich in den Ecken der Krankenstationen [...] wie eine Fledermaus zu verkriechen.«[14]

Die Rua Luciano Cordeiro geht in die **Rua Santo António dos Capuchos** über, wo Pessoa eines seiner vielen Quartiere bewohnte, und führt auf den **Campo dos Mártires da Pátria**; 1817 wurden dort von den Engländern (die den Portugiesen gegen Napoleon geholfen hatten), die portugiesischen Aufständischen hingerichtet. Es ist der Lieblingspark von Pires' »Chef Elias«. »Campo Santana, Jardim dos Mártires. Elias lehnt an der Fassade der Milchbar; er trällert leise, inneres Gesumm. Zu dieser Stunde herrscht ringsum Provinzstille. Gebäude aus behauenem Stein und Kacheln, ein verglaster Aussichtsturm auf einem Dach an der Ecke, ein Stadtpalais zwischen Kamelien und Palmen, Erinnerungen an ein republikanisches Bürgertum aus früheren Zeiten.«[15] Am Platz haben die Botschaft der BRD und das Goethe-Institut ihren Sitz.

Vor der alten Medizinischen Fakultät steht das Denkmal für Dr. Sousa Martins (1843-1897), den großen Helfer und Wunderheiler der Nation, »der noch als Toter den Lebenden Kuren verschreibt. Brennende Kerzen, Weihgaben, Botschaften des Geistes: das Ganze ist eher eine Hauskapelle als ein Denkmal. Ein Doktor-Apostel, fleischgewordene Bronze, ein heimlicher Heiliger«.[16] Noch heute beten dort die Lissabonner für die Genesung der Ihren, schmücken das Monument mit Blumen und bringen Votivgaben dar. Daneben befindet sich das Erziehungsministerium, wo, wie auch im unterhalb gelegenen *Hospital de São José*, schöne Azulejos aus dem 17. Jahrhundert zu bewundern sind. In diesem Viertel um den *Convento de Encarnação* wurde der Dichter Luís de Camões 1524 geboren. Er starb am 10. Juni 1580 an der Pest und wurde namenlos in einem Armengrab verscharrt. Sein Todestag wird als Nationalfeiertag begangen.

Durch den Paço da Rainha oder die Rua da Bempostinha können wir einen Abstecher zum *Largo do Conde de Pombeiro* machen. Am heutigen Sitz der italienischen Botschaft fanden im ausgehenden 18. Jahrhundert bei Tee und Toast, Gesang, Rezitationen und viel gegenseitigem Lob die berühmten Mittwochstreffen der »Academia das Belas-Letras« oder »Nova Arcádia« statt, deren illustres Mitglied Bocage war. Als Elmano Sadino (Manuel do Sade; u. a. ein Bezug auf seinen Geburtsort Setúbal am Fluß Sado) nahm er diese Gesellschaften unter dem Vorsitz des verarmten Brasilianers »Orangotango« Domingos Caldas Barbosa böse aufs Korn.

Vom Campo gehen wir rechts durch die *Travessa do Torel*. Wer will, kann die älteste Standseilbahn der Stadt, den Ascensor do Lavra nehmen, der 1884 eingeweiht wurde und seine obere Station in der *Rua Câmara Pestana* hat, oder aber zu Fuß durch den schönen *Jardim do Torel* mit Terrassen und einladenden Bänken hinunter zur *Rua do Telhal* und zur *Rua de São José* gehen. Nach einem Blick in den *Pátio de Tronco*, wo mit einer Kachelinschrift daran erinnert wird, daß der ewige Tunichtgut Camões 1552 wegen einer Streiterei am Antonius-Tor verhaftet wurde, schlendern wir durch die *Rua das Portas de Santo Antão* mit ihren vielen Restaurants.

Estação do Rossio

Wir kommen vorbei an Jugendstiltheatern und am *Coliseu dos Recreios*, einem achteckigen Theater- und Zirkusgebäude, in dem auch die eklektische Sammlung der Geographischen Gesellschaft untergebracht ist. Hinter der Fassade von Nr. 58 verbirgt sich ein Kleinod, der Palácio Alverca aus dem 17. Jahrhundert, später Spielcasino, heute die *Casa do Alentejo*, Kulturzentrum und Restaurant der Alentjaner, wo man mit Tabucchi den Broteintopf »poejada« essen kann: »Ich ging die breite Treppe hinauf und gelangte in einen geräumigen Patio im arabischen Stil, mit einem Brunnen, einer Glastür und ein paar Marmorsäulen [...]. Dahinter lag ein riesiger im Stil des achtzehnten Jahrhunderts getäfelter Raum mit großen Glastüren, über denen sich halbmondförmige Fresken befanden. Es war ein Speisesaal, ein monumentaler Saal mit gedeckten Tischen und gebohnertem Parkettboden.«[17]

Wir sind nun fast am *Palácio da Independência*, wo Graf Almada und die Seinen gegen die spanische Krone konspirierten und 1640 die Unabhängigkeit erfochten. Von den Resten der Fernandinischen Mauer im Park kann man die Straßenfluchten der Unterstadt überblicken. Der Palácio liegt vor dem *Largo Domingos*; im alten Bau der Klosterkirche wütete die Inquisition. »Unter den tausend Ekelgerüchen der Stadt wehte der nächtliche Lufthauch auch den Gestank nach verschmortem Fleisch heran. Auf dem Platz des heiligen Dominikus Fackeln, schwarzer Rauch, Scheiterhaufen.«[18] Diese Bilder können wir in der *Ginjinha* an der gegenüberliegenden Ecke vertreiben, bevor wir mit ein paar Schritten wieder auf dem *Rossio* sind.

Exkurs: *Kreisfelder der Urbanisten*

Von der pombalinischen »Moderne« über den
Modernismo zur Post- und Neomoderne

Die äußere Entwicklung der Stadt ist eng mit drei Namen verbunden. Von *Pombal* war schon viel zu lesen, überall im Zentrum zog er mit seinen Baumeistern Mardel, Maia und Dos
Santos Adern und hinterließ Spuren einer Bauweise und Stadt-
planung, die für das 18. Jahrhundert ultramodern waren. Die
Epigonen knüpften bei der weiteren Ausdehnung der Stadt
planerisch an Pombals Grundgedanken an, ganz abgesehen
davon orientierte man sich damals gern an Paris.

Im 19. Jahrhundert wuchs die Bevölkerung Lissabons von
200 000 auf 360 000 Einwohner und machte eine Stadt-
erweiterung nötig. Im späten 19. Jahrhundert ließ Bürgermeister *Rosa Araújo* den in Paris ausgebildeten Urbanisten
Ressano Garcia ausgehend von der Praça dos Restauradores über die Praça Marquês de Pombal bis hinauf zur Praça
Duque de Saldanha ein orthogonales Straßennetz planen,
die breiten *Avenidas Novas*, die den Halbkreis mit der Tejo-
Sehne auf Kosten der volkstümlichen Viertel nach Norden
erweiterten. Die Bewohner waren gezwungen, entweder weiter nach Norden zu ziehen oder in den Zentrumsvierteln mit
älterer Bausubstanz unterzukommen. Niederer Adel und
Großbürger erwarben die ausgeschriebenen Grundstücke
an den begrünten Prachtstraßen, die mit allen Elementen
des modernen Wohnens ausgestattet und an das Verkehrs-
netz angebunden wurden, und gewährten den eklektizisti-
schen Architekten in der Fassadengestaltung allen nur erdenklichen Spielraum. Da ihnen aber nichts bahnbrechend
Neues einfiel, bedienten sie sich altbekannter Elemente, die
sie neu zusammenmixten, und so begann das historisierende

Spiel in den Jahren zwischen Monarchie und Republik immer mit »neo« – neogotisch, neomaurisch, neomanuelinisch, neoklassizistisch –, bis der Modernismo, der Jugendstil, die Arte-nova, ganz neue Akzente setzte.

In den zwanziger Jahren schwappte mit der Moderne auch die neue Sachlichkeit nach Portugal herüber – Geradlinigkeit und Funktionalität. Ermöglicht wurde die neuartige, lichte konstruktivistische Bauweise durch die Verwendung von Beton in den tragenden Teilen. Die besterhaltenen Bürgerhäuser aus dieser Zeit finden sich an den Avenidas, die immer weiter nach Norden gezogen wurden, und in *Campo de Ourique*. Für den sozialen Wohnungsbau ist das Planviertel *Arco do Cego* maßgeblich, es wurde in den zwanziger Jahren entworfen und 1935 fertiggestellt. Doch im Gegensatz zur leichten, italienischen Moderne zeigte sich bei den staatlichen Bauten des Estado Novo – auch unter dem Einfluß Speers, der bei Salazars Großausstellung »Mundo Português« 1940 baulich mitwirkte – zunehmend ein Hang zum Starren und Monumentalen, das später von irrationalen »neogotischen« Elementen und propagandistischen Wandbildern als Kunst am Bau gebrochen wurde. Ein gutes Beispiel ist die großflächige Trabantenstadt *Alvalade* aus den vierziger Jahren.

Mit der Öffnung zum Europäischen Markt flossen Gelder ins Land und damit auch radikale Vorstellungen in bezug auf die Architektur der finanzierten Zweckbauten. Als es andernorts längst Denkmalschutz gab, wurden in Lissabon historische Gebäude so planlos wie schonungslos abgerissen, eine verbindliche Bauordnung gab es nicht; die ersten Bestimmungen zum Schutz historischer Fassaden wurden erst 1992 erlassen.

Das Baugewerbe ist der größte Wirtschaftszweig Portugals; und es muß immer weiter und weiter gehen, auch um den Preis großen Leerstands. Portugal ist ein zentralistischer Staat, die Gemeinden werden straff geführt, kommunale Autonomie und Mitspracherecht der Bürger sind historisch nicht verankert. Zwischen 1979 und 1989, in der Amtszeit des umstrittenen Bürgermeisters *Krus Abecassis*, selbst Bauingenieur, veränderte sich die Stadt massiv. Ganze Häuserzeilen und Straßenzüge fielen dem Bauboom und der Grundstücksspekulation auf dem Weg zu einer falsch verstandenen Postmoderne zum Opfer. Ein im wahrsten Sinne des Wortes schillerndes Beispiel für diese Politik sind die Türme des Centro Comercial de Amoreiras von Tomás Taveira.

Die Zahl der Mietwohnungen ging durch Verfall und eingefrorene Mieten (der 1943 ratifizierte Mietpreisstop wurde erst 1985 aufgehoben) immer weiter zurück, neue Wohnungen waren unerschwinglich. So wurde der Slum-Gürtel am Stadtrand, die »bairros da lata« der schwarzen Rückkehrer aus Afrika – die sich in bezug auf ihre Integration und Versorgung einer ebenso planlosen und unverbindlichen Politik gegenübersahen –, in den achtziger Jahren immer breiter. Um 1990 lebten schätzungsweise 200 000 Menschen unterhalb der Armutsgrenze in diesen Barackensiedlungen, die größtenteils weder an die Kanalisation noch ans Stromnetz angeschlossen waren, dafür aber so klangvolle Namen trugen wie Casal Ventoso oder Fontaínhas. Mittlerweile wird jede Barackenbildung rigoros verhindert. Die Slums wurden nach und nach abgerissen, die Bewohner in Hochhausghettos umgesiedelt, die schnell und schlampig hochgezogen wurden und nun, zusammen mit den Türmen von Amoreiras, die Skyline der Peripherie dominieren.

Wie man die Post- oder Neomoderne auch richtig verstehen kann, zeigen die Realisierungen für die Expo 98 und alles, was in diesem Umfeld, beispielsweise in Olivais, entstanden ist.

Stadtfelder. »Os Campos«

Campo Pequeno, Entrecampos,
Campo Grande

Die Ausdehnung der Stadt über die Avenida da Liberdade hinaus nach Norden hatte Rosa Araújo schon im ausgehenden 19. Jahrhundert geplant, verwirklicht wurde sie erst in den folgenden Jahrzehnten als ein symmetrisches Raster von breiten Alleen, gesäumt von modernen Zweckbauten und Bürgerhäusern. Die Avenidas Novas zogen sich vom Zentrum aus schnurgerade durch die nördlichen »Felder« (»campos«), wo früher Truppen ausgebildet wurden. Mittlerweile sind viele Bauten verfallen oder abgerissen, doch es gibt überall noch beeindruckende, wenn auch oft bröckelnde Spuren des Modernismo, und auch das Leben auf den Avenidas pulsiert weiter. Unser Weg führt die Avenidas Novas entlang – und unter ihnen hindurch.

Am *Rossio* nehmen wir die grüne Metrolinie »Karavelle« und fahren durch den ehemaligen Seitenarm des Tejo unter der Rua da Palma und der Avenida Almirante Reis. »Von Station zu Station bringen mir die Wandgemälde und Skulpturen, an denen ich vorbeikomme, Lissabon näher, das über mir liegt.«[1] Die Stationen der Linie hat die Künstlerin Maria Keil mit Azulejos geschmückt. Die Fahrt geht vorbei an den Vierteln Anjos und Estefânia, wo Pessoa wohl am häufigsten die Zimmer wechselte, außerdem ist dort sein großes Vorbild Cesário Verde in einem winzigen Park an der Rua de Dona Estefânia als »verschämte Büste«[2] verewigt. Bei der Station *Anjos* liegt der *Largo de Santa Bárbara*; dort zweigt die *Rua de Arroios* ab. »Unten [...] gab es sieche

Kurzwarenhändlerinnen. Prostituiertenbars und miese Krämerläden mit Horden von Arbeitern, die den brennenden Docht ihres Tresterschnapses im Leuchter ihrer Hand hielten.«[3] Doch vor dem Bau der Avenidas und zu Eças Zeit war *Arroios* ländlich-edel, hier und da standen Herrensitze; dort, in der heutigen Rua de Arroios, traf sich Basílio mit seiner Geliebten, seiner Cousine Luisa, im »›Paradies‹ oben in einem dritten Stock. [...] Es lag nach Arroios zu, vor dem Largo de Santa Bárbara: Sie entsann sich schwach, daß es da eine Straßenflucht alter Häuser gab ...«[4] In Arroios begann auch Pedro da Maias Verhängnis mit der »Sklavenhändlerin«, einer Frau von unklarer Herkunft, die ihn schließlich verließ und in den Selbstmord trieb (*Die Maias*).

Über *Alameda*, *Areeiro*, *Roma* und *Alvalade*, dem Feld, wo einst Sebastião seine Truppen drillte, später Landsitze gebaut und noch später wieder abgerissen wurden, um beispielsweise der Rua Fernando Pessoa Platz zu machen, kommen wir zur oberirdischen Station *Campo Grande*. Im Eingangsbereich sehen wir Kachelbilder des Künstlers Eduardo Nery, die barocken Figuren aus dem 17. Jahrhundert nachempfunden sind.

Am nördlichen Ende des ehemaligen Exerzierfelds – seit Maria I. der *Jardim do Campo Grande* – steht einer der wenigen dort noch erhaltenen und schön ausgeschmückten Paläste, ein »Retiro«, wo sich der Adel zu allerlei Lustbarkeiten zurückzog: der *Palácio Pimenta* mit dem *Museu da Cidade*. João V. ließ ihn Mitte des 18. Jahrhunderts für seine Geliebte errichten. Seit 1962 beheimatet er das Stadtmuseum, wo die Geschichte Lissabons hervorragend dokumentiert ist. Gegenüber, an der östlichen Ecke des Parks, ist das *Museu Rafael Bordalo Pinheiro* untergebracht, auch Arbeiten von João Abel Manta sind dort zu sehen.

Westlich des Parks liegt seit den sechziger Jahren (bis 1911 war Coimbra die einzige Universitätsstadt des Landes) der weitläufige Campus. Dort befinden sich auch das National-archiv *Torre do Tombo* (so genannt nach einem Turm des Kastells, wo früher die Dokumente lagerten) und die *Biblioteca Nacional* mit der berühmten Truhe von Pessoa, die jedoch nicht zu besichtigen ist. Am Eingang zur *Faculdade de Letras* sind u. a. Pessoas Heteronyme nach Karikaturen von Almada Negreiros dargestellt, zu sehen sind auch »*Die Maias*«, Carlos da Maia und sein Freund João da Ega. Ein Blick in die Metrostation *Cidade Universitária* lohnt wegen der Azulejos von Maria Helena Vieira da Silva. Über einer Wartebank ist Cesário Verde zitiert: »Wenn ich doch niemals stürbe! Und ewig / Die Vollkommenheit der Dinge suchte und erreichte!«[5]

Am südlichen Ende des Parks liegt *Entrecampos*. Wir treffen im Untergrund auf neun Jahrhunderte portugiesische Literatur, von Bartolomeu dos Santos in Kupfer gestochen, eine »Bibliothek von der Größe eines Imperiums«,[6] Pessoas und Camões' Verse sind selbstverständlich auch vertreten. Über die *Avenida da República* mit imposanten Gebäuden aus den zwanziger und dreißiger Jahren, vorbei am Gelände des sommerlichen Volksfests Feira Popular, kommen wir zum *Campo Pequeno*. Eindrucksvoll ist die Stierkampfarena an der *Praça de Touros* – ein verspielter neomaurischer Backsteinbau aus dem späten 19. Jahrhundert. Schon früher fanden dort Stierkämpfe statt, doch die Arena wurde damals üblicherweise auf dem Rossio improvisiert. Bis 1887 hatten die Stierkämpfer und ihre Anhänger am Campo Santana ihren Platz, mußten aber dem Bau der Medizinischen Fakultät weichen und bis zur Fertigstellung der neuen Arena 1892 für fünf lange, heimatlose Jahre lang nach Algés pilgern.

Vom Ostersonntag bis in den Herbst hinein gibt es an der

Universidade de Lisboa

ALVALADE

Roma

Avenida das Forças Armadas

Campo Grande

CAMPO PEQUENO

Avenida dos Estados Unidos

ENTRE CAMPOS

Av. da República

Praça de Touros

Av. João XXI

Areeiro

Av. de Berna

Entrecampos

Fond. Cal. Gulbenkian

Praça de Espanha

Saldanha

Alameda

ALTO DO PINA

São Sebastião

Av. Almirante Reis

Arroios

Parque Eduardo VII

ESTEFÂNIA

Praça Marquês de Pombal

Anjos

BAIRRO LOPES

R. da Palma

Intendente

GRAÇA

Avenida

RATO

Restauradores

BAIRRO ALTO

Est. Rossio

BAIXA

Castelo de São jorge

ALFAMA

Praça de Touros wöchentlich Veranstaltungen. Der portugiesische Stierkampf, die »tourada«, folgt jedoch anderen Regeln als der spanische; seit dem 18. Jahrhundert wird das Tier auch nicht mehr getötet. Der Kampf beginnt nach alter Kavallerieschule zu Pferde, am Ende müssen acht verwegene »forcados« den Stier mit bloßen Händen an den Hörnern packen und zu Boden werfen, dann darf er sich wieder aufrappeln und wird von Rindern aus der Arena getrieben. »Der Stier wird nur ein wenig harpuniert und geprickelt von dem Picador und kann sich nur wenig rächen, weil er Kugeln von Kork auf den Spitzen der Hörner und weil der Picador gute muntre und starke Pferde hat [...]. Und vergnügt läuft er mit seinen guten Freunden, ihrem Geklingel folgend, von dannen und wird gepflegt und geheilt. So mild geht es zu bei einer Corrida in Lissabon!«[7] Im Gegensatz zu den »toureiros«, den Kämpfern zu Fuß, sitzt der »cavaleiro« hoch zu Roß, er ist gekleidet wie ein Edler des Barock und reitet Hohe Schule.

»Espectáculos tauromáticos« zur männlichen Ertüchtigung erfreuten sich in Portugal schon immer großer Beliebtheit. »Die ärmeren Schichten Lissabons geben sommers ihr ganzes Geld für den Stierkampf und winters für Maskenbälle aus«, stichelt Ortigão, der mit seiner Zeitschrift *As Farpas* (»*Banderillas*«) ein »heiteres und scharfzüngiges« Vademecum für Ratsuchende in allen Lebenslagen verfassen wollte, angefangen bei Ernährungstips bis hin zur geziemenden Kleidung bei Hofe.[8] Doch nicht nur die ärmeren Schichten freuten sich an der Tourada. »›Nehmt den Stierkampf fort, und es bleibt weiter nichts übrig als Laffen mit gebeugtem Rückgrat, die den Chiado entlangschleichen‹«,[9] meinte Maia senior. Im Gegensatz zu seinem Junior konnte er das neumodische Pferderennen ganz und gar nicht goutieren, das im übrigen oben am Campo Grande stattfand.

Gegenüber der Arena führt die **Avenida de Berna,** vorbei an der **Igreja de Fátima** von 1938 und ihren Buntglasfenstern von Almada Negreiros vorbei, zum Areal der Gulbenkian-Stiftung. Der milliardenschwere armenische Ölmagnat Calouste Sarkis Gulbenkian (1869-1955), Mitbegründer der *Royal Dutch Shell,* bekam von der späteren *Iraq Petroleum Company* bis zu seinem Tod eine Gewinnbeteiligung von fünf Prozent, daher auch »Mister Five Percent« genannt. Er rief die bedeutendste Kulturstiftung Portugals ins Leben und vermachte den Großteil seines Vermögens und seine berühmte Sammlung der **Fundação Calouste Gulbenkian.** Sie unterhält zwei Museen, ein Orchester, ein Planetarium, ein Theater und Bibliotheken und sie vergibt Stipendien an Wissenschaftler und Künstler.

Die ältesten Stücke der Sammlung stammen aus Ägypten und dem Orient, ein zweiter Schwerpunkt ist die europäische Malerei bis zum 19. Jahrhundert. Ein Höhepunkt in Saal 17 sind die Schmuck- und Glasarbeiten des französischen Jugendstilkünstlers René Lalique (1860-1945), mit dem Gulbenkian befreundet war.

Von der Station **Praça de Espanha** oder **Palhavã** fahren wir mit der blauen Metrolinie »Möwe« nach *São Sebastião.* Vielleicht ist ja die U-Bahn-Station die Grotte, wo Pater Bartolomeu Lourenço Anfang des 18. Jahrhunderts eine Flugmaschine baute. »Nur aus der Höhe her fiele das seltsame schwarze Dach der Grotte auf, dies nur einem Riesenvogel, der darüberflöge, doch der einzige Riesenvogel dieser Welt ist hier verborgen, die gewöhnlichen Vögel, die Gott schuf oder erschaffen ließ, fliegen vorbei und wieder vorbei, schauen, und sie begreifen nicht.«[10] Es handelte sich um die »Passarola«, den Aerostat »Sperling«, mit dem der Jesuitenpater Bartolomeu de Gusmão über Lissabon hinweggeschwebt sein soll. Genaues aber weiß man nicht.

Vorbei an der Station *Parque* schweben wir zur *Rotunda* des Marquês de Pombal. In der Station hat der Künstler Menez Ruhm und Wehe des Wiedererbauers der Stadt als Comic dargestellt. Und, wie schon erwähnt, wird Goethe zitiert. Die Station *Avenida* zeigt ein Wandbild von Rogério Ribeiro. In *Restauradores* gibt es wieder Azulejos von Maria Keil zu sehen. Wir steigen an der Station *Baixa* um und kommen mit der grünen Linie – oder zu Fuß – zurück zum *Rossio*.

Exkurs: »*Jetzto dienet sie den Königen von Portugall zu ihrer Hofhaltung*«[1]
Kurze Geschichte der Stadt I

Hat nun Odysseus die Stadt getauft? Oder die Kelten um 1500 v. Chr? Vielleicht ja auch um 1100 v. Chr. die Phönizier, die aus den vielen Siedlungen im dichtbevölkerten Tejobecken durch regen Seehandel eine »Stadt« machten und sie *Alis Ubbo*, »liebliche Bucht«, nannten? Tatsache ist, daß der heutige Name Lissabon auf das römische *Olisippo* zurückgeht. Die Römer erobern 218 v. Chr. die Iberische Halbinsel und machen das Municipium Felicitas Iulia 200 n. Chr. zur Hauptstadt ihrer Provinz Lusitania. Um das 5. Jahrhundert reißen völkerwandernde Alanen und Sueben die Herrschaft an sich, konsolidieren kann sie der christianisierte westgotische Rekkared, allerdings um den Preis der Zerstörung der Stadt, damals genannt Ulixippona. Ein weiterer Wendepunkt ist die Ankunft der Mauren im Jahr 714. Roderich, der letzte Westgotenkönig, fällt, Lissabon wird zum geistigen und kulturellen Zentrum im Südwesten der Iberischen Halbinsel: Al Ashbouna. Auf allen Gebieten erlebt die Stadt eine nie gekannte Blüte.
Ende des 8. Jahrhunderts formiert sich in Léon der christ-

liche Widerstand, die Reconquista wird von Franzosen und Westgoten unterstützt. Die kreuzzugartigen Kämpfe gegen die islamische Fremdherrschaft halten insgesamt 300 Jahre an, doch die Reconquista kann schon 868 den Bezirk Portus Cale (heute Distrikt Porto) für Léon-Kastilien zurückerobern. Heinrich von Burgund bekommt 1095 die Grafschaft Portucale als Lehen; sein Sohn Alfons erklärt sich 1128 nach der Schlacht von Guimarães von Léon unabhängig, er besiegt die Mauren auch in der Schlacht von Ourique und läßt sich 1139 von seinen Getreuen als Afonso I. Henriques zum König von Portugal ausrufen. Nach einer viermonatigen Belagerung, erst von Santarém, dann von Lissabon, und unterstützt von den Kreuzrittern, kapitulieren im Oktober 1147 die Muselmanen auf dem Castelo. Papst Alexander erkennt 1179 schließlich das Königreich und die Königswürde Afonso Henriques' an (er herrscht bis 1185) und verleiht Lissabon das Stadtrecht – Hauptstadt des Königreichs ist aber zunächst Guimarães, später Coimbra. Afonso III. (1248-1279) schließt die Reconquista ab und macht Lissabon 1256 zur Landeshauptstadt.

Unter der Herrschaft seines Sohnes Dinis (1279-1325) wird Lissabon im 13. Jahrhundert wieder Handels- und Kulturmetropole. Dinis ist sicherlich der gebildetste und visionärste König der portugiesischen Geschichte. Er schließt 1308 den ersten Handelsvertrag und ein Freundschaftsbündnis mit England, er sichert die Grenzen durch Festungen und indem er die Küstenregionen aufforsten läßt, bildet er den »Bannwald gegen die Brandung« und legt das Fundament für den später großangelegten Schiffsbau und den Aufstieg zur Weltmacht. Dinis fördert die landwirtschaftliche Erschließung und die Entwicklung von Manufakturen und Märkten, 1290 gründet er mit den »escolas gerais« die erste Universität in Lissabon (die jedoch bald nach Coimbra verlegt wird) und läßt das Tejoufer zum Handelshafen ausbauen.

Nach ständigen Auseinandersetzungen mit Kastilien bekräftigt Fernando (1367-1383) den Pakt mit England und zieht eine Stadtmauer um weite Teile der Ober- und Unterstadt, die sogenannte Fernandinische Mauer. Das Bürgertum, durch den prosperierenden Handel erstarkt, will seinen Einfluß vergrößern. Nach Fernandos Tod kommt es zu Wirren. Seine spanische Witwe Leonor übernimmt die Herrschaft und will Portugal wieder an Kastilien angliedern. Die Bourgoisie zettelt eine Revolution an, und die Cortes von Coimbra (Ständeversammlung) wählen João, den Halbbruder Fernandos, zum Landesverteidiger. Nach der widerstandenen kastilischen Belagerung Lissabons und nach der siegreichen Schlacht von Aljubarrota wird João I. (1385-1433) zum König ernannt; der Großmeister des Avis-Ordens begründet die Avis-Dynastie. Mit Philippa von Lancaster hat er sechs Kinder, Heinrich der Seefahrer ist der jüngste Sohn. Er baut eine Flotte auf, die 1415 unter seinem Kommando den marokkanischen Hafen Ceuta erobert – der Weg für die afrikanischen Küstenfahrten ist frei, die Welt steht offen.

Den Auftakt für die Entdeckungsfahrten macht jedoch Gil Eanes, der 1434 das sagenumwobene westsaharische Cap Bojador umrundet und den mittelalterlichen Mythos des finsteren atlantischen Meeres erschüttert, wo die Welt zu Ende war. So schreibt Pessoa in seinem patriotischen Epos *Botschaft*: »Willst du Kap Bojador bezwingen, / Mußt du den Schmerz erst niederringen. / Gott schloß das Meer mit Abgrundsiegeln / Und ließ es doch den ganzen Himmel spiegeln.«[2]

Unter João II. (1481-1495) und Manuel I. (1495-1521) kommen die Schiffe der portugiesischen Admiräle reich beladen aus allen Teilen der Welt zurück. Im Zeitalter der Entdeckungen und Eroberungen erlebt Lissabon als *das* Handelszentrum der Welt erneut eine enorme Blüte, die von neuen Entwicklungen in Literatur, Kunst und Architektur begleitet wird. Mit der »Pfeffersteuer« (fünf Prozent auf die Handelswaren aus Indien) baut Manuel I. das berühmte Mosteiro dos Jerónimos in Belém. Einen Namen macht sich zu dieser Zeit der Dichter und Goldschmied Gil Vicente, der das portugiesische Theater gründet, seine gesellschaftskritischen Stücke zur Aufführung bringt und auch Meisterwerke wie die Monstranz von Belém fertigt. Luís de Camões besingt diese Zeit in den *Lusiaden*.

»*Meisterwerk aus Stein*«[1]
Belém. Glanz und Pracht der Entdeckungen

Im Westen der Kernstadt, in Belém am Tejo, stehen mit dem Mosteiro dos Jerónimos und dem Palácio de Belém zwei Prachtbauten aus dem 15. und 16. Jahrhundert, die vom Erdbeben weitgehend verschont geblieben sind – Wahrzeichen Portugals vergangener Pracht und Macht, denn von Belém stachen ab 1415 die Karavellen mit Kriegern und Weltumseglern in See.

Früher gab es hier nur den kleinen Fischerhafen Restelo, so heißt heute noch das Villenviertel nördlich von Belém. Mit der Verabschiedung und glücklichen Rückkehr der kühnen Seefahrer am Strand der Tränen und Sehnsüchte, eng verbunden mit dem Bau des Torre und des Klosters, gelangte das Dorf zur Blüte. Die Adels- und Kaufmannsfamilien folgten der royalen Baulust und errichteten im 16. und 17. Jahrhundert hier ihre Paläste. In den Zeiten des Niedergangs verkam die Uferzone. Salazar, der Portugals Größe gedenken wollte, ließ das Gelände für seine Großausstellung Mundo Português 1940 restaurieren und errichtete 1960, anläßlich des 500. Todestages von Heinrich dem Seefahrer, dem Goldenen Zeitalter ein Monument in Form einer Karavelle, den Padrão dos Descobrimentos. Er steht für alle »padrões«, die die Portugiesen in den Boden ihrer Eroberungen pflanzten – Herrschaftssäulen mit dem Christusordenskreuz oder der Armillarsphäre, einem Navigationsinstrument, das imperialen Ehrgeiz symbolisiert.

Mit dem Vorortzug, der Elektrischen, dem Bus 43 oder 28 vom *Cais do Sodré* sind wir in wenigen Minuten an der *Ave-*

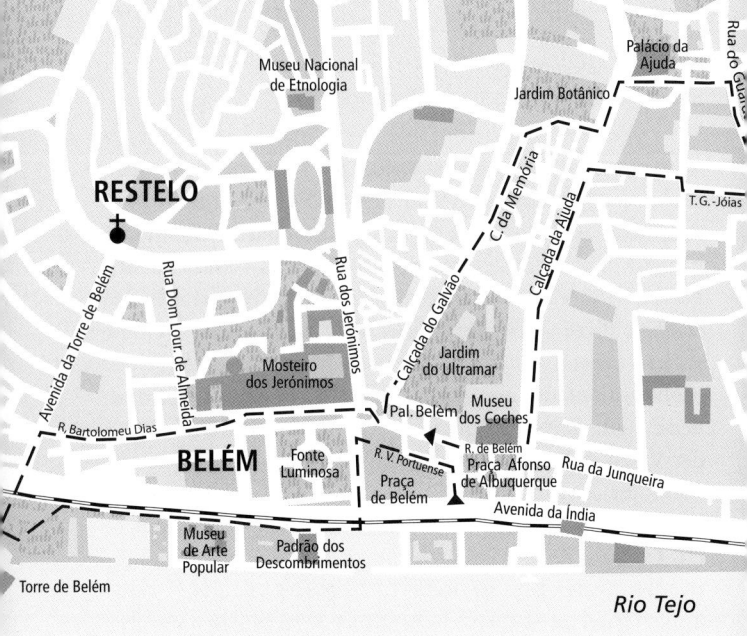

Museu Nacional
de Etnologia

Palácio da
Ajuda

Rua do Guarda

Jardim Botânico

RESTELO

T. G. -Jóias

Rua Dom Lour. de Almeida

Rua dos Jerónimos

Avenida da Torre de Belém

C. da Memória

Calçada do Galvão

Calçada da Ajuda

Mosteiro
dos Jerónimos

Jardim
do Ultramar

Museu
dos Coches

R. Bartolomeu Dias

Pal. Belém

BELÉM

R. de Belém

Fonte
Luminosa

R. V. Portuense

Praça Afonso
de Albuquerque

Rua da Junqueira

Praça
de Belém

Avenida da Índia

Museu
de Arte
Popular

Padrão dos
Descombrimentos

Torre de Belém

Rio Tejo

nida da Índia, gegenüber der *Praça Afonso de Albuquerque*.
Dem ersten Vizekönig von Indien (1509-1515) wurde dort
1902 ein neomanuelinisches Denkmal gesetzt. Durch den
Park gehen wir westwärts zum Jardim de Belém und zur
Rua Vieira Portuense, benannt nach dem Maler, der auch
den Palácio da Ajuda ausgestaltet hat; die schöne Häuser-
zeile, wo sich Cafés und Restaurants in Gebäuden aus dem
16. bis 18. Jahrhundert aneinanderreihen, ist bunt verputzt
und gekachelt und kontrastiert angenehm mit dem sonsti-
gen Pomp am Ufer. Die Straße zog sich bis zum Kloster,
doch 1940 wurden für Salazars *Praça do Império* viele Häuser abgerissen. Der Park ist streng symmetrisch, die Mitte
bildet die *Fonte Luminosa*, die bei besonderen Anlässen
die Anlage illuminiert. Die Größe des Hieronymusklosters
offenbart sich schon von ferne, doch zunächst gehen wir
durch die Unterführung zum Uferstreifen mit dem begehba-
ren *Padrão dos Descobrimentos* und dem großen Weltkartenmosaik.
Auf der Uferstraße *Avenida de Brasília* spazieren wir am
Museu de Arte Popular vorbei und sehen auf der anderen
Straßenseite das *Centro Cultural de Belém*. Der moderne
Monumentalbau, 1990 am alten Fisch- und Obstmarkt errichtet, ist ein Kulturzentrum; neben Konzerten und Thea-
tervorstellungen gibt es dort Wanderausstellungen und eine
sehenswerte ständige Sammlung im *Museu do Design*.
Wir kommen zum *Torre de Belém*, ein filigranes Juwel aus
Stein: Festung, Leucht- und Wachturm, Wahrzeichen Lissabons und Symbol einer ruhmreichen Seefahrernation. Heute
ist der Turm mit dem Land verbunden, doch einst standen
die Zwillingstürme den Ufern weit vorgelagert an der Stelle,
wo sich der Tejo ganz zum Meer hin öffnet; der Turm auf
der anderen Seite überstand das Erdbeben nicht. Man konnte dort einfahrende feindliche Schiffe unter Feuer nehmen

(1580 fiel der Turm dennoch ohne Gegenwehr an die Spanier), auch diente er als Kerker und Zitadelle, »weil er von Natur wegen der herumliegenden Sand-Bäncke fast inaccessibel, und überdieses noch durch Kunst starck befestiget / auch mit vielen Geschützen versehen ist«.[2] Manuel I. gab die trutzigen viereckigen Bauwerke, die von dicken geknoteten Tauen zusammengehalten werden, und die sechseckigen Bollwerke in seinem, dem manuelinischen Stil 1515 in Auftrag und ließ sie über und über mit Kreuzen, Christusordenswappen und Tierköpfen ornamentieren. Besondere Erwähnung verdient der Nashornkopf unter dem rechten Eckturm des Bollwerks. Er ist in Anlehnung an jenes Exemplar entworfen, das Manuel vom indischen König als Präsent bekommen hatte: Ganga. Der Sage nach mußte das Tier auf dem Rossio gegen einen Elefanten kämpfen – der jedoch gleich das Weite suchte. »Seine Hinterfüße scharrten und suchten Halt; dann flog der Sand auf, der Rüssel ritzte den Boden, und in einem beispiellosen Wirbel der Schnelligkeit verwandelte sich der schwere Leib des Nashorns in ein staubumkreistes Geschoß.«[3] Das siegreiche Rhinozeros wurde dem Papst zum Geschenk gemacht und nach Rom verschifft, es erlitt jedoch Schiffbruch. 1515 hat es Dürer als Holzschnitt »mit all seiner Gestalt abconterfeit«,[4] und durch Reinhold Schneiders Erzählung *Geschichte eines Nashorns* fand es Eingang in die Literatur.

Die *Avenida da Torre de Belém* führt geradewegs den Berg hinauf zur stillen manuelinischen Christuskapelle von 1514, doch wir gehen rechts durch die *Rua Bartolomeu Dias* zum *Mosteiro dos Jerónimos*, dem Herzstück dieses Spaziergangs. »Das merkwürdigste Gebäude Lissabons bleibt unzweifelhaft das Kloster von Belém, das König Emmanuel der Große 1499 auf dem Flecke zu bauen begann, wo zwei Jahre vorher, am 8. Juli, Vasco da Gama sich zu seiner Entdeckungsreise eingeschifft hatte, nachdem der glorreiche Seeheld die Nacht vorher betend in der Kapelle von Belém oder Bethlehem am Strande zugebracht. Das Kloster ist in halb maurisch-byzantinischem, halb normannisch-gotischem Stile erbaut, ein verworrenes Gemische.«[5]

Dieses Gemische heißt Manuelinik und ist einzigartig in der Welt. »Gerade sein unverkennbar exotischer Zug macht den Manuelismus zur eigentlich nationalen Kunst Portugals; in der faszinierenden Ungeheuerlichkeit seiner Formenwelt erkennt es seine weltgeschichtliche Stunde wieder, die die Stunde des Ausbrechens aus der Enge Europas war.«[6] Das Kloster mit seinen reichverzierten Säulen und Pfeilern, den feinziselierten Figuren an den Portalen, den von dicken Tauen, Knoten und Seetang umschlungenen Fenstern und Arkaden, dem feinen Maßwerk sowie den verspielten, detailverliebten exotischen und maritimen Darstellungen, das »maßlos Schwellende und Quellende«,[7] ist der Höhepunkt des architektonischen Ausdrucks dieser Stilepoche; vor allem im Kreuzgang entfaltet sich die manuelinische Pracht zur Gänze. »Möwen und Milane zogen sich auf die beinahe beendeten Gesimse des Jerónimusklosters zurück [...], machten den fasanengroßen Fledermäusen Platz, die tagsüber im Frieden der Bögen des Kreuzgangs schliefen, in dessen Mitte ein kleiner Teich dem Nixenland zugedacht war, das Bartolomeu Dias dem König anläßlich seiner nächsten Reise versprochen hatte.«[8] Um Portugals Größe zu demonstrieren, ließ der Stifter Manuel I. (1495-1521) den Bau an der Mündung des Tejozuflusses (heute Rua dos Jerónimos) errichten, wo Infante Henriques 1459 eine Kapelle und ein Hospiz für die Christusritter gebaut hatte. Der Grundstein wurde 1500 gelegt, verschiedene Baumeister arbeiteten an dem Werk, dessen spätgotische Anlage auf Diogo de Boytaca zurückgeht. 1544 wurde es unter João III. (1521-1557)

Im Kreuzgang des Mosteiro dos Jerónimos

von João de Castilho und Nicolau Chanterène mit Stilelementen der Renaissance vollendet und durch maurische Versatzstücke ergänzt. Geweiht ist es dem heiligen Hieronymus, dem Schutzheiligen Manuels I. In der Klosterkirche ruhen die genannten Könige und ihre Gemahlinnen, und hinter dem Portal der Marienkirche, dessen Steinmetze »im Laufmaschenaufnehmerlicht die Fackeln der Spitzen des Hauptbogens klöppelten«, wird mit Costa Motas Grabmälern Vasco da Gamas und Luís de Camões' gedacht, wird »das Vaterland in Grabmälern verwahrt«.[9] Camões wurde jedoch in Wirklichkeit in einem Armengrab verscharrt, und ob die Gebeine des Seefahrers hier liegen, ist auch ungewiß. Der Sarkophag des »Desejado«, des ersehnten Sebastião, ist jedoch mit Sicherheit leer.

Im Kapitelsaal fanden der Dichter Guerra Junqueiro und Alexandre Herculano –, Poet, Geschichtsschreiber, erster königlicher Bibliothekar der Stadt und Bürgermeister von Belém – 1877 die letzte Ruhe. Auch Fernando Pessoa wurde 1985, zu seinem 50. Todestag, die Ehre der Umbettung seiner und auch seiner Seelenbrüder sterblichen Überreste in den Kreuzgang zuteil.

Im neomanuelinischen Südflügel und ehemaligen Dormitorium befindet sich das *Museu Nacional de Arqueologia*. Im Westflügel ist das *Museu da Marinha* untergebracht, für den Großteil der Exponate gibt es einen Anbau. Wer den Stern von Bethlehem betrachten will, kann dies im *Planetário Calouste Gulbenkian* tun. Portugals EU-Beitritt wurde übrigens 1986 symbolträchtig im Kloster zu Belém besiegelt.

Rechts vom Südportal – mit der Hieronymuslegende und einer Skulptur von Heinrich am Mittelpfeiler – liegt der *Largo dos Jerónimos*. Bevor die Praça do Império streng geometrisch abgezirkelt wurde, zog sich der Platz bis ans Kloster. Dort fanden im Sommer Jahrmärkte statt mit »Buden für Töpferwaren aus Caldas, Kurzwaren, Goldschmiedearbeiten [...], kleinen Buden, wo es früher nur Nüsse, Käsegebäck, Cremekuchen und Rosenlikör gab, doch heutzutage wird dort aristokratisches Eis verkauft«, auch gab es, im Gegensatz zu den damaligen Lissabonner Lokalen, »den Stolz der portugiesischen Küche in all seiner ursprünglichen und echten Reinheit, [...] Eintopf mit Venusmuscheln und Knurrhahn, Garnelen, Salate, Kopfsalat oder Paprika, gebratene Seezunge«, und es gab »Akrobaten, Kraftmeier, wilde Tiere, Wachsfiguren, Schießbuden, Riesen, Zwerge und fette Frauen«.[10]

Bevor wir links die *Calçada do Galvão* hinaufgehen oder den Bus 29 nehmen, machen wir einen kurzen Abstecher von der Rua de Belém in den *Beco do Chão Salgado*, die »Gasse der gesalzenen Erde«. Der Pelourinho dos Távora erinnert an den Palast der Mascarenhas. Die Ringe symbolisieren die Opfer der Familie, die laut Pombals Anschuldigungen in ein Komplott gegen José I. verstrickt gewesen sein sollen und zusammen mit Mitgliedern befreundeter Familien vor dem Torre hingerichtet wurden. Der despotische Pombal hatte ein Attentat auf den König zum Anlaß genommen, radikal gegen die ihm verhaßten Jesuiten vorzugehen. Der Palast wurde abgerissen und die Erde mit Salz bestreut, auf daß dort nichts mehr gedeihe.

Nun aber gehen wir die Calçada hinauf und passieren den *Jardim do Ultramar*, wo seltene tropische und subtropische Pflanzen kultiviert werden. Ein Stück bergan kommen wir rechts in die *Calçada da Memória* und zum Largo da Memória mit der gleichnamigen Kapelle. Dort schoß 1758 besagter Attentäter auf José I. – er überlebte und ließ an dieser Stelle die *Capela da Memória* errichten.

Weiter oben liegt die grüne Oase *Jardim Botânico da Ajuda*, eine wunderschöne Anlage von Pombal. Am Ostausgang prangt schon der helle *Palácio Nacional da Ajuda* im ehemaligen Jagdpark Tapada da Ajuda am Fuße der Serra de Monsanto. Die Arbeiten des 1802 beauftragten Architekten Fabri verzögerten sich zunächst wegen der napoleonischen Besatzung (1807-1811) und der Abwanderung des Hofes ins brasilianische Exil, später wegen der leeren Staatskasse. So wurde der große, klassizistische Palast erst 1862 bezugs-, aber niemals ganz baufertig, denn nur ein Drittel der Pläne wurde verwirklicht. Allerdings bewohnten ihn nur Dom Luís und Maria Pia, die nach dem Tod ihres Gemahls 1889 bis zur Ausrufung der Republik 1910 dort verblieb. Der Palast wird heute zu Staatsempfängen genutzt, Teile sind zu besichtigen, darunter die wertvolle Bibliothek, gegründet von Pombal, verwaltet von Alexandre Herculano und später von Eças Freund Ramalho Ortigão.

Am Largo da Ajuda biegen wir rechts in die *Rua do Guarda-Jóias* ein und werfen einen kurzen Blick in den *Páteo Alfacinha*. Hier wurde ein Stück Lissabon en miniature detailreich und realitätsgetreu aufgebaut. Dann gehen wir die *Calçada da Ajuda* oder durch die »schlaftrunkenen Gassen von Ajuda, die durch ein unentwirrbares Labyrinth von Treppchen zu keinem anderen Ort führen als zu sich selbst«,[11] hinunter zum Fluß und haben links immer wieder die rote Brücke und das auffällige Backsteingebäude *Central Tejo* im Blick, das älteste Elektrizitätswerk Portugals, heute das *Museu da Electricidade* – ein Tip nicht nur für Technikfreunde. Wir biegen rechts in die *Rua de Belém* ein, gleich an der Ecke ist in Joāos V. ehemaliger Reitschule das *Museu Nacional dos Coches* mit einer beachtlichen Sammlung untergebracht. »Der goldene und ein wenig fiebrige Abendglanz des alten Portugal ruht auf der welken Seide und den üppigen Holzschnitzereien dieser Fahrzeuge. Die drei kostbarsten unter ihnen dienten dem Marquis de Fontes, der dem Papst Clemens XI. im Jahre 1716 den Treuschwur des Königs João V. überbrachte. Es sind schon fast keine Wagen mehr, sie ähneln eher rollenden Baldachinen oder Traumhäusern, die von Seepferden und blasenden Tritonen gezogen werden, oder dem feurigen Wagen des Elias, der aus purpurner Wolke und bleifarbenem Gewitter gemacht war.«[12]

Daneben stehen die gestrengen Wachen vor dem *Palácio de Belém* aus dem 16. Jahrhundert – damals lag er direkt am Fluß. João V. kaufte den Palast und ließ ihn zum Lustschloß umbauen; nach dem Erdbeben zog die Königsfamilie dort ein. Heute residiert der Staatspräsident hinter der rosa Fassade, daher auch Palácio Cor de Rosa genannt.

An der linken Straßenseite lockt eine Lissabonner Institution, die *Antiga Confeitaria de Belém* oder *Pastéis de Belém* in schönen alten, mit Azulejos geschmückten Räumlichkeiten. Die königlich-lizenzierte Produktionsstätte stellt seit 1837 die originalen und die besten »pastéis de nata« der Stadt her. Die kleinen Blätterteigküchlein mit Ei-Sahnecreme kommen frisch aus dem Ofen und werden erst unmittelbar vor dem Verzehr mit Puderzucker und Zimt bestreut. Gegenüber dem »Pastéis« ist die Straßenbahnhaltestelle. Die Elektrische der Linie 15 schaukelt unsere süßgefüllten Bäuche zurück zum *Cais do Sodré.*

Im Pastéis de Belém

Joãos III. Enkel Sebastião (1557-1578) greift die Eroberungs-
pläne seiner Vorfahren in Marokko wieder auf, wird aber in
Alcacér-Quibir vernichtend geschlagen und getötet; damit
endet die Herrschaft des Hauses Avis. Philipp II. von Spanien besetzt 1580 Portugal, übernimmt dessen überseeische
Kolonien und schaltet Lissabon zugunsten spanischer Metropolen als Handelszentren aus. Gegen das Interregnum
formiert sich 1640 der Widerstand, der Herzog von Bragança wird als João IV. zum König ausgerufen, die Unabhängigkeit Portugals wird von Spanien jedoch offiziell erst
nach dem Ende der Restaurationskriege 1668 anerkannt.
Das Bündnis mit England führt zu einer Öffnung des portugiesischen Marktes für englische Waren, und der Frieden
mit Spanien kostet Portugal Ceuta und die Kanarischen In-
seln. Doch aus Brasilien kommen immer größere Mengen
Gold, und unter Joãos IV. Enkel João V. (1706-1750) erlebt
Lissabon noch einmal eine Blütezeit, sie manifestiert sich allerdings weniger in der strukturellen Entwicklung des Landes als vielmehr in prunkvollen Denkmälern, die sich João
und Maria setzen – das Kloster von Mafra, die Ausstattung
von São Roque oder der Aqueduto das Águas Livras. Lissabon gilt um 1750 als die prächtigste Stadt Europas.
Dann, am 1. November 1755, bebt die Erde. In nur wenigen
Minuten ist die Stadt zerstört. José I. (1750-1777) läßt sie
von Pombal nach einem umfassenden Gesamtplan wieder
aufbauen und vergrößern und paßt sie modernen Erfor-
dernissen an. Pombal, ein bedeutender Vertreter des aufgeklärten Absolutismus, leitet auch innenpolitische Reformen ein.
Doch mit der Beschneidung der Adelsprivilegien und seiner

entschiedenen Haltung gegen die Jesuiten, vor allem aber mit der Abschaffung der Sklaverei 1773 macht er sich nicht nur Freunde. Unter der Herrschaft von Josés Tochter Maria I. (der Frommen; 1777-1816) wird Pombal entmachtet, seine Reformen weitgehend rückgängig gemacht.

Während der Französischen Revolution und der napoleonischen Herrschaft verbleibt Portugal im Bündnis mit England und beteiligt sich nicht an der Kontinentalsperre gegen Großbritannien. Im Oktober 1807 besetzt eine französische Armee das Land, der Hof flüchtet nach Brasilien. Doch nach Aufständen in Porto und Lissabon wird der neue König João VI. (1816-1826) zur Rückkehr und zur Unterzeichnung einer liberalen Verfassung gezwungen, die den Bürgern und den Cortes weitreichende Rechte einräumt.

Mit der Unabhängigkeit Brasiliens verliert Portugal 1822 seine wirtschaftliche Basis und gerät in eine schwere Krise. Nach Jahrzehnten der Wirren weht erst mit Maria II. wieder ein liberaler Wind, und mit Almeida Garrett oder Eça de Queiróz blüht das literarische Leben wieder auf. 1851 wird die Regeneração (Erneuerung) eingeleitet, die Industrialisierung der Stadt wird nach Eröffnung der ersten Bahnlinie verstärkt in Angriff genommen. Um die Jahrhundertwende strömen immer mehr Menschen vom Land in die Stadt, die Bevölkerung wächst auf 300 000 an. Es entstehen neue Arbeitersiedlungen, weil die Fabrikanten für ihre Arbeiter Wohnraum stellen müssen, aber auch unsägliche Slums. Der Kolonialbesitz in Afrika wird ausgedehnt, um den Verlust Brasiliens wettzumachen, doch Carlos I. (1889-1908) muß 1892 dennoch Staatsbankrott anmelden. Er und der Kronprinz fallen einem Attentat zum Opfer.

Am 5. Oktober 1910 wird Manuel II. mit der Ausrufung der Republik entthront, doch auch die neue Regierungsform kann keine politische Stabilität herstellen. Zwischen 1911 und 1926 gibt es 22 Putsche und 44 Regierungen, das Land steht erneut vor dem Ruin. Salazar wird zur Lösung der Wirtschaftskrise 1928 zum Finanzminister berufen, er gründet die Einheitspartei União Social, 1932 wird er Ministerpräsident und verankert 1933 mit einem Referendum den diktatorischen Estado Novo, einen Staat ohne Parteien und ohne Parlamentarismus. Im spanischen Bürgerkrieg und im Zweiten Weltkrieg bleibt Portugal offiziell neutral, unterstützt aber das Franco- und das Hitlerregime. Gleichzeitig wird Lissabon zum wichtigsten Hafen der Emigration.

Als letzte Kolonialmacht versucht Portugal, seine Besitzungen auch mit militärischen Mitteln zu halten. Zehntausende Portugiesen wandern vor allem nach Frankreich, aber auch nach Deutschland aus, um dem Militärdienst in den Kolonien und der Armut zu entgehen. Salazar stirbt 1970. Von seinem Nachfolger Gaetano (seit 1968) erhofft sich das Land eine Liberalisierung, die jedoch ausbleibt.

Am 25. April 1974 putscht eine Gruppe aus den Reihen des Militärs. Die »Nelkenrevolution« verläuft weitgehend unblutig, doch auch nach dem Wahlsieg der Sozialisten 1975 bleibt die politische Lage instabil. Nicht zuletzt stürzt eine Million Retornados, Rückkehrer aus den Kolonien, das Land in die Krise. Unter wechselnden Regierungen, hauptsächlich aber unter Cavaco Silva, werden die sozialistischen Reformen dann weitgehend zurückgenommen, die wirtschaftliche Stabilität nimmt zu. 1986 wird Portugal Mitglied der EU. Lissabon ist heute eine Dreimillionenstadt mit einem weiten Einzugsgebiet. Es ist das politische, wirtschaftliche und kulturelle Zentrum Portugals, eine Mischung aus altem Adel und neuem Geist, ein Mixtum aus altem und neuem Europa, zu dessen Identität die Vielfalt des Kolonialerbes maßgeblich, wenn auch nicht problemlos beiträgt.

»Warum nicht eine Reise nach Benfica?«

Antunes' Benfica, Monsanto und Alcântara

»Warum nicht eine Reise zu dem, was wir einmal waren?«[1] Wir beginnen unsere Reise in Antunes' Kindheit mit der blauen Metrolinie. Sie führt von der Station *Restauradores* zunächst nach *Alto dos Moinhos*, der literarisch bedeutsamen Station »eines unterirdischen Zuges, der zwischen einem Zitat von Cesário und einem Bildnis von Camões die Literatur eines Landes durchquert«. Dort treffen wir als lebensgroße Skizzen »Camões in Begleitung von Bocage, Pessoa und Almada Negreiros, und das ist gut so, denn die vier schrieben in Lissabon ihr Leben«.[2] Antunes schrieb sein Leben in Afrika und in Benfica. Und so steigen wir am *Colégio Militar* aus, nehmen den Bus 65 zum Friedhof und gehen die *Calçada do Tojal* hinunter.

Wer Benfica hört, denkt an sozialen Wohnungsbau, an Hochhäuser und Kleinindustrie, an Retornados, an das Centro Comercial Colombo, das größte Einkaufs- und Freizeitzentrum auf der Iberischen Halbinsel, vor allem aber denkt er an den Fußballerstligisten Benfica und das Estádio da Luz. Kaum vorstellbar, daß dort, am Nordwestrand der Stadt, einmal beschauliches Landleben möglich war. Bis in die fünfziger Jahre gab es hier wunderschöne Villen und weitläufige Quintas zwischen Weinbergen und Feldern – ein beliebtes Ausflugsziel der Städter, die sich wie Eça das Kaninchenragout »coelho guisado à moda da Porcalhota« schmecken ließen. »Der Wagen rollte auf der Straße nach Benfica. Sie fuhren an Mauern vorbei, die die Landgüter umgaben und über die grüne Zweige ragten, an melancholisch stimmenden Gebäuden mit zerbrochenen Fensterscheiben, Wirtshäusern, über deren Eingang an einer Schnur ein Zigarettenpäckchen baumelte.«[3]

So muß es auch noch ausgesehen haben, als 1942 Benficas großer Sohn António Lobo Antunes geboren wurde, der seiner alten Heimat mit der Trilogie *Die Leidenschaften der Seele*, *Die natürliche Ordnung der Dinge* und *Der Tod des Carlos Gardel* eine Liebeserklärung gemacht hat. Wie Pessoas Mikrokosmos die Baixa ist, so ist Benfica Antunes' Welt, die in seinen Romanen zu großer Literatur wird. »Mein Land, das sind 89 000 km² mit Benfica als Mittelpunkt im schwarzen Bett meiner Eltern.«[4]

Die Villa »lag an der Nummer drei der Calçada do Tojal, einer steilen Straße, die sich damals zwischen Landgütern und Bienenkörben verlor (Bienengesumm lag in der Luft, und der Tag bewölkte sich mit Flügeln), und die Zweige der Glyzinien, die über die brüchige Mauer quollen, berührten den Fußweg mit ihren Dolden. Dreißig oder vierzig Meter weiter erhob sich die Palme bei der Post.« Und die Villa nebenan in der Rua Emília das Neves, »in der ein bärtiger Mann Geige spielte«,[5] ist das Elternhaus des Terroristen aus gutbürgerlichem Hause, auf den in *Die Leidenschaften der Seele* ein Ermittlungsrichter angesetzt wird – der Sohn des Hausmeisters.

Der große Gesellschaftskritiker Antunes gilt auch als »Lästerer von Benfica« und als das »schlechte Gewissen Portugals«. In *Die natürliche Ordnung der Dinge* erzählt ein alternder Beamter seiner dreißig Jahre jüngeren Freundin, wie sich zusammen mit der gesellschaftlichen Ordnung auch Benfica veränderte, »das nicht mehr unser Benfica ist und dennoch nicht das von niemandem ist, ein Benfica von Fremden, die noch keine Zeit hatten, darin ihre Kindheit und ihre Enttäuschungen zu pflanzen« und das »zu einem Exil im eigenen Land wurde«. »Ich habe weder die Palme noch die Glyzinienmauer wiedergefunden, das Bienengesumm verdunkelte den Himmel nicht mehr, zehnstöckige Häuser hatten die Landgüter verschluckt oder waren aus den Erdbeerpflanzen und den vom blauen Schleim der Schnecken versilberten Kohlköpfen gewachsen [...], nicht einmal die Steigung gab es mehr, sie war von riesenhaften Baggern planiert worden.« »Kein einziger Hof, kein Landgut war übriggeblieben, das Haus in der Calçada do Tojal war verschwunden, eine Bankfiliale erhob sich anstelle der Palme bei der Post.«[6]

In einer der vielen planierten Straßen ist vielleicht auch die Bar, in der ein verzweifelter Militärarzt, in dem unschwer Antunes selbst zu erkennen ist, einer Prostituierten das Grauen des Angola-Krieges schildert und dabei seine Geschichte erzählt (*Der Judaskuß*). »Verstehen Sie mich recht: ich bin ein Mann aus einem schmalen, alten Land, aus einer in Häusern ertrinkenden Stadt, überall Häuser, die sich gegenseitig in den Kachelfassaden vervielfältigen und auf den Ovalen der Wasserbecken spiegeln, und die Raumvorstellung, die ich von hier kenne, wo der Himmel aus Tauben gemacht ist, besteht aus einem mageren Streifen Fluß, der zwischen Häuserzeilen eingezwängt ist und heroisch und schwungvoll vom sonnengebräunten Arm eines Seefahrers durchquert wird. Ich wurde geboren und bin aufgewachsen in der stickigen Welt aus Häkelspitzen, die Häkelarbeit der Großtante und die manuelinische Häkelarbeit der Architektur haben meinen Kopf in ein Filigranmuster zerlegt, mich an die Nichtigkeit von Nippes gewöhnt, mir den neunten Gesang der *Lusiaden* verboten [»Die Werkstatt Cupidos«] und mich für immer gelehrt, bei Abschieden mit dem Taschentuch zu winken, kurz, sie haben meine Sinne reglementiert.«[7]

Wir gehen zur *Estrada de Benfica* »und noch etwas weiter in Richtung des Tores von Benfica (ein paar Spielzeugburgen, die durch von der Zeit zerfressene Wachtürmchen gekrönt wurden)«.[8] Nach 1974 waren die *Portas de Benfica* für viele Menschen aus Angola und Mozambique das Tor zu Europa. »In den ersten Monaten kam er in Benfica in einer Ansammlung von aus Abfall gebauten Hütten unter, die von der Friedhofsmauer gestützt wurden und von bleichen Kapverdianern belegt waren.«[9] Heute leben sie in Hochhausghettos oder in Abbruchhäusern am Rand des Stadtteils. »Das Viertel mit den Sozialbauwohnungen hinter der Rua Emília das Neves wuchs nach Damaia hinüber, Zigeuner und Schwarze nahmen immer mehr von der Estrada Militar Besitz und verwandelten sie in ein Labyrinth aus Brettern, Matten und Zinkplatten, an deren Stelle schließlich dreistöckige Häuser mit Tonschwalben an den Balkonen treten würden.«[10]

An den Portas nehmen wir den Bus 63 oder 58. Die Estrada de Benfica führt durch Calhariz nach Sete Rios, wo seit 1905 der Jardim Zoológico der Stadt beheimatet ist. Wir steigen an der *Rua de São Domingos de Benfica* aus und gehen über die Fußgängerbrücke zur Kirche, einst Teil des Dominikanerklosters aus dem 14. Jahrhundert, das beim Erdbeben stark beschädigt und zuletzt im 19. Jahrhundert umgestaltet wurde. Es sind Azulejos von António de Oliveira zu sehen. In der Hauptkapelle ist die Grablege der Familie Mascarenha, der Markgrafen von Fronteira, die nebenan wohnen.

Der *Palácio dos Marqueses de Fronteira* wurde 1670 im italienischen Renaissancestil als Jagdvilla erbaut. Eindrucksvoll sind die Azulejos aus Holland, Spanien und Portugal im Inneren des Gebäudes und in der Gartenanlage. Bei einer Führung kann man Speisesaal, Kaminzimmer, die Bibliothek und den Schlachtensaal *Sala das Batalhas* besichtigen.

Königsgalerie im Palácio Fronteira

Auf Kachelbildern sind die Unabhängigkeitskämpfe 1640-1668 gegen die Spanier dargestellt, bei denen sich João Mascarenha besonders hervorgetan und dafür einen Titel bekommen hat. Über die Terrasse mit allegorischen Darstellungen, Jagd- und Eroberungsszenen – auch Camões ist zu sehen – kommt man in den **Venusgarten** mit dem Venusbrunnen und der Grotte mit witzigen anthropomorphen Darstellungen, »das burleske Bestiarium. [...] Ein Fabularium heuchlerischer Beziehungen ist auf diese Fliesen gemalt«.[11] Man munkelt, es handle sich um Spanier ... Das Meisterwerk der Anlage ist jedoch das Becken mit der **Königsgalerie**, den Büsten der portugiesischen Herrscher bis João VI. und den zwölf großen gekachelten Ritterbildern aus dem 17. Jahrhundert. Der Palácio liegt am Nordrand des Parks von **Monsanto**, der grünen Lunge der Stadt; früher war er von Benfica aus zu sehen, und man kann die ländliche Idylle noch spüren.

Wir können mit dem Bus 24 durch das Grün von Monsanto fahren oder bei **Sete Rios** den Vorortzug durch das **Alcântara-Tal** nehmen. Überspannt wird das Tal von dem eindrucksvollen **Aqueduto das Águas Livres**, der bis 1880 das Wasser 18 Kilometer weit aus den Quellen bei Belas ins Zentrum leitete. Zwischen **Serafina** und **Campolide** wird er auf knapp einem Kilometer Länge und 65 Metern Höhe von 14 Spitzbögen in der Mitte und 21 Rundbögen an den Seiten gestützt. 1731 begann der Bau, die Talüberspannung war 1748 fertig, und das Wasser konnte durch die leicht abschüssige Leitung in die Mãe d'Água, das Reservoir in Amoreiras, fließen. Bei Serafina verlaufen rechts und links der Leitung Wege, die bis 1852 öffentlich zugänglich waren. Sie wurden gesperrt, nachdem sich viele Selbstmörder zu Tode gestürzt hatten und nachdem der berüchtigte Wegelagerer Diogo

Alves dort oben den Leuten aufgelauert war, sie ausgeraubt und ins Tal geworfen hatte. Alves wurde 1841 als letzter im Land zum Tode verurteilt – 1867 wurde, erstmals in Europa, die Todesstrafe de jure in Portugal abgeschafft. Seine Geschichte wurde 1911 in *Os crimes do Diogo Alves* verfilmt. Über das Museu da Água da EPAL kann man geführte Besichtigungstouren buchen, den Aquädukt erreicht man über die Calçada da Quintinha in Campolide.

In **Alcântara**, wo für Antunes »im Juli die Luft aus Cellophan war«,[12] steigen wir aus und gehen die Rua do Alvito hinauf zur **Rua da Quinta do Jacinto**; ganz oben hat man einen schönen Blick auf Prazeres. »Das Haus in der Quinta do Jacinto liegt in der Straße Nummer acht, von wo aus man den Tejo sieht und jenseits des Tejo die Schiffe und die Brücke, so daß, wenn mein Vater den Fernseher nicht anschaltet, wenn die Nachbarn über uns schweigen und kein Topf auf dem Herd zischt, das Meeresschneckenbrausen der Brücke die Deckenlampe erzittern läßt und die Lokomotiven mit ihren gehetzten Rufen antworten.« Dort wohnt ein alternder Beamter aus Benfica bei seiner zuckerkranken jugendlichen Freundin, deren wahnsinnigem Vater und dessen nierenkranker Schwester und finanziert die Existenz dieser Rückkehrerfamilie in Alcântara, »den Blick auf die Hügel gewandt, die Gebäude und die Fabriken am anderen Ufer, den Blick auf Montijo oder Alcochete oder Almada gewandt, die sich im Wasser verdoppelt hatten«.[13]

Über die Fußgängerbrücke kommen wir zur **Rua de Alcântara** und in die **Rua da Cozinha Económica**. In der Querstraße Rua Maria Luisa Holstein ist der Eingang zum *Alcântara Café*, Szene-Bar, Disco und Restaurant in einer alten Fabrikhalle, wo Tabucchi mit Pessoa speist. Der Dichter der Moderne, der, so Tabucchi, an der postmodernen Gestaltung des Lokals »nicht ganz unschuldig« ist, bestellt »›intersek-

Rua d'Quinta
Rua do Alvito
do Jacinto
Calç. de Tapada
R. d. Alcântara
Cozinha Económica
Rua de Cascais
Largo de Alcântara
Avenida de Ceuta
Rua Prior do Crato
Estação Alcântara-Terra
Tapada das Necessidades
Palacio das Necessidades

ALCÂNTARA

Avenida da Índia
Avenida de Brasília
Estação Alcântara-Mar
Doca de Alcântara
Gare Marítima de Alcântara
Doca de Santo Amaro

tionistische‹ Seezunge« und erhebt sein Glas auf den Saudosismo. »Ich habe Sehnsucht nach dem Saudosismo, der Ärm-
ste, heute gibt es keine Saudosisten mehr, dieses Land wird
furchtbar europäisch.«[14]

Durch die Unterführung gelangen wir zum Kai und zur *Gare
marítima de Alcântara*. Ort des täglichen Pendelns zu den
Fabriken, Ort sehnsüchtig erwarteter Abfahrten und An-
künfte, Halle des Abschieds und des Aufbruchs. Das Gebäude aus den vierziger Jahren ist nach Infante Henrique
benannt, es hat viele Schicksale gesehen. »Es war einmal
ein Mann namens Luís, dem das linke Auge fehlte und der
mindestens drei oder vier Wochen auf dem Kai von Alcântara auf dem Sarg seines Vaters sitzend darauf wartete, daß
das nächste Schiff sein Gepäck brachte.« Dazu schreibt Ilse
Pollack im Vorwort: »Wenn jedes Land seine eigene Leiche
im Keller hat, so ist diese Leiche in Portugal noch immer
das Imperium. Es ist jene Leiche, die in der *Rückkehr der
Karavellen* ›der Mann namens Luís‹ [...] aus Afrika mit-
bringt und mit der er am Kai in Alcântara landet, an dem
einst die Schiffe mit den Soldaten unter Jubel aufgebrochen
[...] waren.«[15]

Die alte Kaianlage *Doca de Santo Amaro* neben dem modernen Containerhafen von Alcântara wurde zur Vergnügungs-
meile ausgebaut, und vielleicht findet sich die eine oder
andere Bar, wo wir im »lila Widerschein der Ohnmachtswel-
len des Tejo«[16] den Tag ausklingen lassen können, den wir in
einem Lissabon abseits der bekannten Pfade verbrachten.

Exkurs: *»Lissabon ist ausverkauft«*
Spurlose Fluchten

Durch eine geschickte »Schaukelpolitik«[1] wahrte der Estado Novo im Zweiten Weltkrieg die Neutralität des bis dahin fast vergessenen Landes am Rande Europas, das durch seine strategische Lage plötzlich Drehscheibe von Geschäften und Ausgangspunkt der Aktivität namhafter Hilfsorganisationen wurde. »Lissabon! Schmaler Balkon der Freiheit und des Friedens in einem mehr und mehr von Krieg und Barbarei verwüsteten Europa. Lissabon! Phantastisches Paradies des Reichtums, der Fülle, Schönheit und Eleganz inmitten einer Welt voll Not und Elend. Lissabon! Eldorado der Geheimdienste, Schauplatz ungeheuerlicher und ungeheuer lächerlicher Intrigen.«[2]

Aus Angst um seine Kolonien gewährte Salazar den Alliierten zähneknirschend Stützpunkte auf den Azoren, andererseits unterhielt er diplomatische Beziehungen mit Berlin und lieferte der deutschen Rüstungsindustrie bereitwillig Wolfram gegen Gold. Es gab seit 1939 zwar eine Absprache zwischen der PIDE-Vorgängerin PVDE und dem SD in Berlin, doch dabei ging es vor allem um die Bespitzelung und Bekämpfung politischer Gegner – schließlich war das Regime in Portugal genauso umfassend, wenn auch subtiler oppressiv. So blieben die weitgehend unpolitischen jüdischen Emigranten unbehelligt. Das Konsulat in Lissabon erklärte 1942 gegenüber dem Reichssicherheitshauptamt, das der Juden auch in Portugal habhaft werden wollte: »Der nach Humanitätsgrundsätzen handelnde portugiesische Staat wird Portugal auf der Reise nach Übersee passierende Juden, ganz gleich welcher Staatszugehörigkeit, in keiner Form behindern.«[3]

Nach dem Fall Frankreichs 1940 wurde Portugal zum wichtigsten Fluchtpunkt der Juden und der Intelligenz, dort brachen sie in eine ungewisse Zukunft auf. »Lissabon – das ist unser Abschied von Europa. Grauenvoll, wie alles dahinfließt, man kann nichts halten«, sagte Heinrich Mann. Zuvor war der Weg über Portugal ein Geheimtip und die Zahl der Emigranten gering gewesen, dann aber stieg sie sprunghaft an. Es gibt darüber keine genauen Zahlen, doch schätzungsweise flohen insgesamt 100 000 Menschen über Spanien nach Portugal und von dort auf »Archen« weiter nach Latein- und Nordamerika. »Der Fluß war die Freiheit, er war das Leben, er mündete in das Meer, und das Meer war Amerika«, schrieb Erich Maria Remarque. Portugal sollte nach dem Willen der Regierung nur Transitland sein und half den Emigranten eher passiv als aktiv. Eine große Ausnahme war Sousa Mendes, Konsul in Bordeaux, der in der Woche vom 17. bis 23. Juni 1940 gegen das ausdrückliche Verbot seines Dienstherrn über 10 000 Transitvisa ausstellte, dann verraten, für verrückt erklärt und suspendiert wurde. Doch trotz verschärfter Einreise- und Transitbedingungen sind, soweit bekannt, auch keine illegalen Emigranten an die Nazis ausgeliefert worden.

So fühlten sich die Flüchtlinge in Portugal weitgehend sicher. Der Aufenthalt wurde ihnen von den vielen Hilfsorganisationen, vor allem aber von einer selbstlosen, hilfsbereiten Bevölkerung erträglich gemacht. Natürlich verdienten gewisse Branchen gut an der Fluchtwelle, allen voran Gastronomie und Verkehr. »Lissabon ist ausverkauft«, schrieb der Journalist Eugen Tillinger im Oktober 1940, »die Hotels sind überkomplett, man vermietet Badezimmer und legt Matratzen in die Korridore. Cafés und Restaurants sind überfüllt. Seit vielen Jahren hat es so etwas hier nicht gegeben. Die Stadt lebt auf. Gewaltige Summen ausländischen

Geldes sind ins Land gekommen und werden von den Fremden in Umlauf gebracht. Die Portugiesen wissen das aber auch zu schätzen und sind gegenüber den Fremden von einer bezaubernden Zuvorkommenheit«[4] – obwohl die Einheimischen angesichts der Emigrantinnen, die rauchten, ins Café gingen und Bein zeigten, einen Kulturschock erlitten.

Hannah Arendt, Marc Chagall, Alfred Döblin, Max Ernst, Friedrich Wilhelm Förster, Lion Feuchtwanger, Hans Habe, Alma Mahler-Werfel, Heinrich und Golo Mann, Erich Ollenhauer, Hans Sahl, Maximilian Scheer, Anna Seghers, Franz Werfel oder Stefan Zweig – die meisten prominenten Emigranten behielten Portugal als ein freundliches und friedliches Land in Erinnerung. »Lissabon, eine weiße Stadt – erster Eindruck, bleibende Erinnerung«, so Alexander Abusch. Trotzdem hatten sie oft materielle Sorgen und Visaprobleme; außerdem unterstanden sie während ihres Transits einem strengen Arbeitsverbot und wurden – um Lissabon zu entlasten, das im Winter 40/41 über 10 000 Emigranten beherbergte – in »residências fixas« zwangsuntergebracht, vornehmlich in Hotels und Pensionen der Kur- und Badeorte Ericeira, Estoril oder Caldas da Rainha, die wegen des Krieges unterbelegt waren. Dort wurden die Flüchtlinge von Hilfskomitees versorgt, und es ging ihnen in materieller Hinsicht teilweise sehr viel besser als den Einheimischen, die von ihren »Gästen« jedoch rest- und neidlos fasziniert waren.

Dem Krieg und der Vernichtung entkommen, sahen diese Gäste die politischen und sozialen Verhältnisse in Portugal eher durch eine rosarote Brille – »Offiziere schlendern vorbei, als kämen sie aus der Operette«,[5] meint Scheer. Alfred Döblin sagte: »Portugal ist ein wunderbares Land.« Und sie waren geblendet vom hellen Licht, in dem Salazar die Hauptstadt zur Feier seiner Ausstellung 1940 erstrahlen ließ.

Blick von Santo Amaro auf die Brücke

»Ich starrte auf das Schiff. Es lag ein Stück vom Quai entfernt, grell beleuchtet im Tejo. Obschon ich seit einer Woche in Lissabon war, hatte ich mich noch immer nicht an das sorglose Licht dieser Stadt gewöhnt. In den Ländern, aus denen ich kam, lagen die Städte schwarz da wie Kohlegruben.«[6] So beginnt *Die Nacht von Lissabon*, in der Erich Maria Remarque sehr eindringlich von der Verzweiflung der Emigranten erzählt.

Der Aufenthalt in Portugal dauerte selten länger als ein paar Wochen, es bildete sich keine Exilkultur wie Clubs, Presse oder Theater aus, und so hinterließen die Emigranten kaum Spuren. Zu den wenigen Ausnahmen unter den Literaten und Künstlern, die im Lande blieben, zählen die Maler und Bildhauer Hein Semke und Max Braumann, der Schriftsteller Franz Blei, der in Lissabon verstarb und dessen Bibliothek in der Nationalbibliothek eine Heimat fand, und Albert Vigoleis Thelen, der auf dem Schloß des Symbolisten Texeira da Pascoaes gastliche Aufnahme fand und das dichterische Werk des Schloßherrn übersetzte, vor allem aber Ilse Losa, der als Autorin die seltene sprachliche Integration gelang; sie schrieb ab 1940 auf portugiesisch und verarbeitete ihre Exilerfahrungen in *Unter fremden Himmeln* (1962) und *Fluß ohne Brücke* (1959).

»*Gen Osten, wo alles herstammt, der Tag und der Glaube*«[1]

Mit der Linie 28 fahren wir von der *Rua da Conceição* – »die bekanntlich die Pflichtstrecke der Polizeispitzel zwischen der Pide-Zentrale und den Gefängnislöchern der Aljube ist. Todesmeile könnte man diese paar hundert Meter nennen, die von den Zellen zu den Folterkammern führen«[2] – vorbei an der *Sé*, vorbei auch an der berüchtigten *Aljube*, einst ein Frauengefängnis, und dem ehemaligen Männergefängnis *Limoeiro*. »Kleine Spitzbuben, Raufbolde oder aber Totschläger für einen und einen halben Real [...], die verkamen im Limoeiro-Gefängnis, bei allerdings gesicherter Suppe, so wie ihnen Scheiße und Pinkel sicher war, in denen sie lebten.«[3] Auch Bocage saß dort ein und büßte für seine bissigen Satiren.

Wir sehen den Miradouro. »Am Fuße von Santa Luzia kauert die Alfama, ihre Dächer ziehen sich in der Pergola weiter – hier ein Fragment einer Radierung, dort ein Fetzen Aquarell. Aus dieser Alfama-Kulisse, aschgrau, gesprenkelt mit rosa und erbsengrün, erhebt sich die weiße Fassade von Santo Estêvão, als wolle sie diese Mitte der Stadt segnen, die vor Labyrinthen schwindelt.«[4] Direkt unter dem Aussichtspunkt liegt die Straße, die nach dem Verfasser dieser Zeilen benannt ist: Rua Norberto de Araújo.

Nach dem Engpaß geht es die *Rua das Escolas Gerais* hinauf; bei Nr. 3 führt ein Eisentor zum *Pátio dos Quintalinhos*, wo die 1290 von Dom Dinis gegründete erste Universität des Landes bis ins 14. Jahrhundert ihren Sitz hatte. Vor

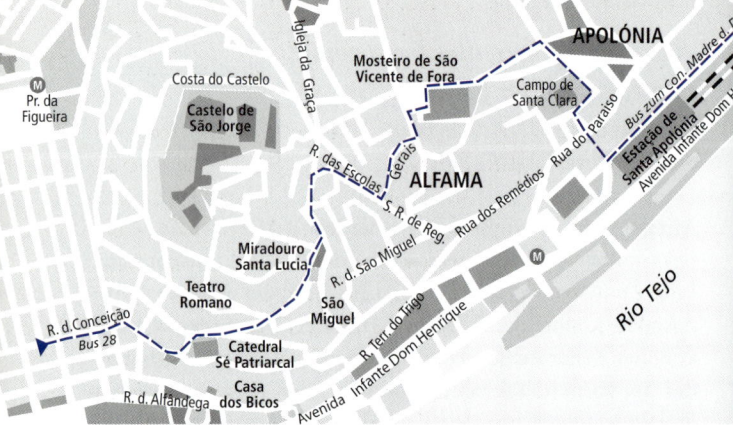

der Kirche *São Vicente de Fora* steigen wir aus. Im angrenzenden Augustinerkloster sind schöne Azulejos zu bewundern, außerdem dient das ehemalige Refektorium als Grablege der Bragança, als königlicher Pantheon: *Panteão Real*. Ein wahres »Museum von Särgen [...], überzogen mit rotem, rosenfarbenem, blauem, selten schwarzen Sammet, mit Gold und Silber verbrämt!«[5]

Der barocke *Arco de São Vicente* neben der Kirche, Nachfolger eines Fernandinischen Tores, ist der Eingang zum *Campo Santa Clara*, wo dienstags und samstags rund um die schöne alte Markthalle und den Park die *Feira da Ladra* abgehalten wird. Entgegen der landläufigen Meinung, der Begriff sei von »ladra« (Diebin) abgeleitet, soll er sich auf das Homonym »ladra« (Gekreische) beziehen.[6] Man kann den Blick schweifen lassen »nach dem schönen Kranz ferner Berge hinüber, welche die Gebirge von Santarem und Villa Franca bilden; die Arrabidas mit ihrer Krone, die Festung Palmella, scheinen ihm näher gerückt«.[7] Näher gerückt ist auch der Himmel im weißen Kuppelbau der Santa

Engrácia, des *Panteão Nacional*. Dort stehen die sechs leeren Sarkophage der Entdecker; literarischer und politischer Größen wie Jonqueiro Guerra, Teófilo Braga oder Almeida Garrett werden mit symbolischen Grabmälern gedacht.

Über die *Calçada do Cascão* und die *Calçada do Forte* kommen wir direkt zum Bahnhof. Bis zur Jahrhundertwende reichte Lissabon im Osten bis nach Graça und Santa Apolónia, dahinter, Richtung Marvila und Olivais, gab es nur verstreute Villen, Landgüter und Klöster. Die erste Bahn fuhr 1856 aus Santa Apolónia in die Welt – dreißig Jahre lang diente das Kloster als provisorischer Bahnhof, bis 1886 die *Estação de Santa Apolónia* gebaut wurde. »Die Abfahrtspfiffe durchpflügten meinen Schlaf, die Betten warfen Federn aus den Matratzen ab, und wir reisten nach Castelo Branco oder Santarém oder Agueda, während Lissabon mit uns an Gebirgen und Kiefernwäldern, an Brücken, an kleinen Dörfern am Saum der Hügel entlangglitt.«[8] João da Ega verabschiedet dort die Geliebte und Schwester seines Freundes Carlos da Maia, und Eça läßt uns sehen, »wie in dem mysteriös verschlossenen Luxuswagen eine Senhora verschwand, hübsch und traurig zugleich und ganz in Schwarz gekleidet«.[9]

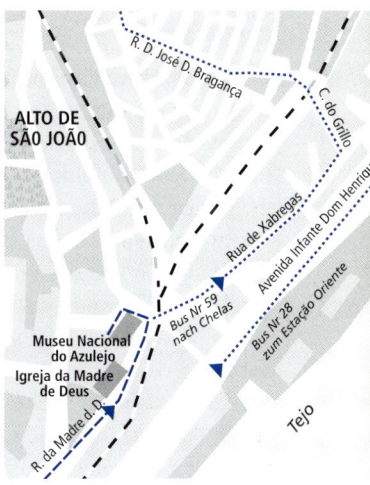

Genauso tragisch, wenn auch nicht so melodramatisch, gestaltete sich der Aufbruch der Emigranten, die seit den sechziger Jahren das Land auf der Flucht aus dem Estado Novo und auf der Suche nach einer Existenzgrundlage verließen.

Ihnen wurde 1981 auf dem Bahnhofsvorplatz *Largo dos Caminhos* ein Denkmal gesetzt. »Ich bin hinter dem Santa-Apolónia-Bahnhof aufgewachsen, über Koffer und den Abschied der Emigranten gebeugt, und für mich waren Züge Tränenaquarien mit Körben und Augen darin, deren Blicke ziellos wanderten, sich in den Kellern Frankreichs, in den Kellern Deutschlands verloren und Schnee auf den Fensterrahmen fallen sahen.«[10]

Der Bus 105 oder 104 bringt uns durch die *Rua da Madre de Deus* zum *Convento da Madre de Deus*, einem Klarissinnenkloster von 1509. Ursprünglich war es im manuelinischen Stil errichtet (ein Kreuzgang und ein Seitenportal sind noch erhalten, das Hauptportal ist eine Rekonstruktion nach einem Tafelbild aus dem 16. Jahrhundert), beim Erdbeben wurde es zerstört und wiederaufgebaut. Die Klosterkirche mit Kacheln und reicher Talha Dourada ist ein barockes Schmuckstück. Mit Unterstützung der Gulbenkian-Stiftung wurde 1960 in den Räumlichkeiten des Klosters das *Museu Nacional do Azulejo* eingerichtet, es gilt als das schönste Museum der Stadt. Die kachelgeschmückten Innenräume und die beiden zweistöckigen Kreuzgänge besitzen selbst musealen Charakter, und die Geschichte der Azulejos und ihre Herstellung sind spannend dokumentiert. Darüber hinaus gibt es eine einmalige Sammlung großflächiger Kachelbilder mit unterschiedlichsten Motiven aus dem 15. bis 20. Jahrhundert aus Portugal, den Niederlanden und Spanien, auch zeitgenössische Künstler bekommen großen Raum. Eine besondere Attraktion im ersten Stock ist das fast 35 Meter lange und aus 1300 Fliesen bestehende Kachelwandbild von Oliveira mit einer Ansicht von Lissabon aus der Zeit vor dem Erdbeben. Im Kapitelsaal sieht man durch ein großes Innenfenster in die Klosterkirche. Auch die Cafeteria mit ihrem schönen Patio ist mit Azulejos ausgestaltet. Übrigens hat sich die durch Wim Wenders' Film *Lisbon Story* mit ihrer »sausado«-Musik international bekannt gewordene Gruppe *Madredeus* um Teresa Salgueiro nach dem Kloster benannt.

Oben auf dem Hügel **Alto de São João** liegt der Ostfriedhof, der, wie der kleinere Westfriedhof Prazeres, um 1835 als »Stadt« angelegt wurde. Diese Stadt scheint sich bis hinab zum Fluß und zu den Hafenanlagen zu ziehen, dem Porto de Lisboa. Pires' Chef Elias, dem die Friedhofsbesuche bei der Lösung seines Falles helfen, fragt sich: »Aus welchem Grund müssen Friedhöfe immer auf erhöhtem Gelände liegen und die Lebenden beherrschen? Elias schreibt dies einer uralten Regel zu: Angst vor der Pest. Dämpfe und Totenfäulnis beruhigt und läutert nur der Fußboden der Kirchen. Oder die Winde. Die Winde dort oben fegen alles fort.«[11]

»Unser Weg führte uns über steile Hügel, von wo wir über die Täler hinwegschauen konnten mit ihren verstreuten Häusern und hier und da einem Kloster.«[12] So sah es um 1800 bei einem Ausritt nach Chelas aus. Wie es heute dort ist, kann man bei der Weiterfahrt nach Chelas erleben, nun mit dem Bus 59 ab Rua de Xabregas. Es geht durch die Gartenstadt *Madre de Deus*, eine typische Stadtanlage aus den dreißiger Jahren, und vorbei an **Picheleira**, wo es überall nach Afrika riecht und wo Antunes' monologisierender Angola-Veteran lebt. »Ich wohne hinter dem Springbrunnen Fonte Luminosa in Picheleira, in einem Stockwerk, von dem aus man den Fluß sieht und das andere Ufer, die Brücke, die Stadt bei Nacht, wie in einem Faltprospekt für Touristen«,[13] auch viele seiner anderen »Stimmen« sind in den östlichen Vororten Marvila und Chelas zu Hause. Antunes selbst wohnt unterhalb des Alto de São João. »Natürlich waren die Nachbarn Soldaten bei der Guarda Republicana, Lageristen, pensionierte Buchhalter, ein Kellner aus einem Café,

der Gedichte schrieb [...], natürlich zogen sich die Männer Streifenpyjamas an, wenn sie von der Arbeit kamen, die Radios bemühten sich, mit ihrem Gebrüll das Weinen, die Proteste, das Geheul der Kinder zu übertönen, verschiedene Essensgerüche vermischten sich und lösten sich in klebriger Feuchtigkeit auf.«[14]

An der Station *Chelas* nehmen wir die rote Metrolinie »Orient« (wer nicht nach Chelas will, nimmt nach dem Azulejo-Museum den Bus 28 an der Avenida Infante D. Henriques) zur Endstation *Estação do Oriente* – ein interessanter Bau des spanischen Architekten Calatrava, leicht und licht. Gegenüber liegt der *Parque das Nações* auf dem Gelände der EXPO 98. Fünfhundert Jahre nach Vasco da Gamas Indienfahrt hatte die Weltausstellung die Ozeane zum Thema, und so nehmen das Wasser, seine Bewohner und Anwohner sowie seine Eroberer, allen voran Gama, zentralen Raum ein. Der *Pavilhão Atlântico*, wo nun Großveranstaltungen stattfinden, sieht aus wie ein kieloben liegender Schiffsrumpf. Auch der *Pavilhão do Conhecimento* von Carilho da Graça, heute ein Wissenschaftsmuseum, erinnert an ein modernes Schiff. Architektonisch beeindruckend ist das »Wellendach«, die dünne Betondecke des portugiesischen Pavillons von Siza Vieira. Mitten durch das Gelände führt der *Caminho da Água* zu den Wassergärten *Jardins da Água* am *Passeio de Ulisses*. Die Hauptattraktion ist das *Oceánario*, von dem amerikanischen Architekten Peter Chermayeff im Becken der ehemaligen Kaianlage errichtet. Vor dem Bau des *Parque Oceanográfico* in Valencia war es das größte Aquarium Europas. In der Mitte ist mit Millionen Liter Wasser ein »Ozean« angelegt, in dem unter anderem verschiedene Haiarten, Rochen und Mondfische schwimmen. Um diese Mitte gruppieren sich vier Aquarien für die Fauna des Nordatlantik, des Pazifik, der Antarktis und des Indischen Ozeans. Insgesamt sind über 15 000 Tiere von 200 verschiedenen Arten zu sehen.

Mit einer Schwebebahn, zwanzig Meter über dem Ufer des Tejo, können wir uns zum 140 Meter hohen *Torre Vasco da Gama* gondeln lassen und genießen einen herrlichen Blick über das Gelände des ehemaligen Petroleumhafens *Docas de Olivais* – einziges Relikt ist der Raffinerieturm *Torre de Refinaria*. Über das breite Tejobecken, das Strohmeer, »von dem man sagt, daß alle Flotten der Welt darin Platz fänden«,[15] führt die *Ponte Vasco da Gama*, die nun mit 18 Kilometern die längste flußüberspannende Brücke Europas ist, nach Alcochete und Montijo.

Mit der Metro oder dem Bus 28 kommen wir zurück zum *Cais do Sodré*.

Exkurs: *»Die sich widerspiegelnde Stadt«*[1]
Azulejos – Glaube und Mutterwitz

Neben den steingemeißelten imperialen Phantasien der Manuelinik gibt es wohl keine anderen Elemente der Baukunst, die so typisch portugiesisch und vor allem so allgegenwärtig sind wie die Azulejos. Lissabon »ist eine Erfindung aus Kacheln, die sich wiederholen, annähern und abweisen«.[2]
Dabei haben die Portugiesen die Kachelkunst gar nicht erfunden, aber sie haben darin (und im Mosaikpflaster) ihren ureigenen ästhetischen Ausdruck gefunden. In künstlerischer Vollendung als Wandbilder und Zyklen in Kirchen,

Klöstern und Palästen, als moderne Kachelkunst und Zier der Metrostationen Lissabons, als geometrische Optik der Hausfassaden, als praktisches Quadrat in Höfen und Innenräumen, als Fries, Werbebild, Tür- oder Fensterlaibung, als Schmuck der vielen Miradouros, als Hausnummer, vor allem aber und nicht zuletzt als Bildnis und Symbol des Lissabonner Schutzpatrons António oder eines Schutzheiligen der Familie, der das Haus vor allen Unbilden bewahren soll – der Azulejo ist aus dem Stadtbild Lissabons und aus ganz Portugal nicht wegzudenken, er begleitet die Menschen »von der Taufkirche in die Schule, durchs Studium, in der Kirche, im Treppenhaus auf dem Weg zum Notar, im Rathaus, im Krankenhaus, an der Bushaltestelle, durch Straßen und Gärten und letztendlich bis zur Aufbahrung«.[3]

Die Mauren brachten das Kleinod »az-zulisch«, den »kleinen polierten Stein«, Anfang des 8. Jahrhunderts auf die Iberische Halbinsel. Die Tonkachel mit der glänzenden bunten Zinnglasur entstammt der Kunst der Mosaizisten und war Teil der Ornamentik an Wänden, Böden und Decken. Freilich hat sich die Herstellung und Gestaltung des Azulejo über die Jahrhunderte verändert. Die manuelinischen Fliesen sind nach der arabischen Mudejar-Technik gefertigt – das Muster wird aufgezeichnet, die Zwischenräume ausgeschabt und mit farbiger Glasur gefüllt. Anfang des 16. Jahrhunderts blühte der Handel mit Flandern; er brachte die klassische weiß-blaue Kachel nach Portugal, doch bald schon entwarfen portugiesische Fliesenmaler eigene Motive und übernahmen die italienische Majolika-Technik: die Farben verlaufen beim Brennen nicht, und das Muster kann direkt auf die Fläche aufgetragen werden. Nach orientalischen Teppichmustern entstanden sogenannte, vorwiegend in Blau und Gelb gehaltene, Teppichkacheln, die ganze Wände überziehen, aber auch Fliesen mit Einzelmotiven, dem »motivo solto«. Das Barock schließlich brachte eine Monumentalisierung der bunten Vierecke und gipfelte in einem Höhepunkt der Azulejaria – zu bewundern in der Igreja de São Roque, der Igreja de Santo Amaro, im Convento dos Cardães, im Palácio Fronteira, vor allem aber im Museu Nacional do Azulejo. Sehenswert ist auch das Colégio Manuel Bernardes in Paço de Lumiar, ganz im Norden Lissabons. In der näheren Umgebung lohnen der Palácio da Pena in Sintra, der Palácio de Queluz, die Casa Santa Marta in Cascais, die Quinta do Bacalhoa und die Markthalle von Vila Franca da Xira einen Besuch.

Ein bedeutender Meister war António de Oliveira Bernardes (1660-1732). Er brannte ganze Stadtszenen auf Kacheln, und seine Veduten waren nach dem großen Erdbeben unverzichtbar für die Rekonstruktion der Stadt, vor allem die monumentale Darstellung Lissabons, zu sehen im Azulejo-Museum.

Für den Wiederaufbau der Stadt nach dem Erdbeben stieg der Bedarf an Kacheln derart an, daß Pombal in Rato die Königliche Manufaktur gründete.

Anfang des 19. Jahrhunderts begann die Kachelherstellung im Siebdruckverfahren; mit diesen Stücken minderer Qualität und Kunstfertigkeit werden bis heute ganze Fassaden verkleidet, eine Mode, die von den Rückwanderern aus Brasilien importiert wurde. Der Azulejo ist billig, haltbar, hygienisch und pflegeleicht. Außerdem schützt die Kachelschicht das Mauerwerk, sie strahlt Wärme ab und isoliert nach innen, auch akustisch. Sehenswerte Beispiele für solche Fliesungen sind die Fassaden der Häuser 18 und 33 in der Rua das Trinas, die Nr. 11 der Rua Vicente Borga in Lapa oder die Calçada da Ajuda 100.

Viele zeitgenössische portugiesische Künstler arbeiten mit dem Azulejo als landestypischem, traditionellem Element, das in seiner Entwicklung über die Jahrhunderte immer den aktuellen Stilen angepaßt wurde und die ausdrucksstärkste Manifestation der portugiesischen dekorativen Kunst darstellt. Einzigartig ist die Fahrt mit der Metro. Allein Maria Keil (geb. 1914) hat von 1957 bis 1972 achtzehn Metrostationen und Maria Helena Vieira da Silva (1908-1992) die Station Cidade Universitária gestaltet, u. a. mit der Fliesenreproduktion ihres Guache-Gemäldes *Le métro*. Die neue Station Rato ist Maria Vieira und ihrem Mann Arpad Szenes gewidmet. Je ein großes Kachelbild als Reproduktion eines Gemäldes schmücken die beiden Treppenaufgänge, davor steht eine Büste des Malers respektive der Künstlerin.

»Für mich ist Lissabon, von dem man immer sagt, es sei aus Marmor und Granit, vielmehr eine Hauptstadt der Bürgersteige aus schwarzer Spitze, die sich in den Azulejos spiegeln.«[4]

»O Glocke meines Dorfes«
Ein Tag allein mit Pessoa und den Seinen

Fernando Pessoa, der Begründer der portugiesischen Moderne, wurde posthum zum Hauptvertreter der Literatur seiner Heimat. Zu Lebzeiten veröffentlichte er von seinem umfassenden, in einer Wäschetruhe verwahrten Werk nicht einmal ein Prozent. Der Avantgardist, der sich mit seinen »tertúlias«, seinen Literaturzirkeln, in den Kaffeehäusern am Rossio und am Chiado traf, systematisierte mit seinen Heteronymen die Möglichkeiten und Stilmittel der modernen Lyrik und schuf ein einzigartig komplexes Gesamtwerk in 27 543 Fragmenten, »ein Drama in Leuten, statt in Akten«,[1] an dem er, in all seinen Seelen wohnend, bis zu seinem Tode gleichzeitig schrieb. Er floß geistig und psychisch geradezu über: »Ich vervielfachte mich, um mich zu fühlen / Ich mußte alles fühlen, um mich zu fühlen, / Ich trat aus den Ufern und strömte über, / Entkleidete mich und gab mich hin, / Und in jedem Winkel meiner Seele raucht ein Altar für einen anderen Gott.«[2]

Die Pessoa-Forschung konnte bis heute 72 Heteronyme feststellen. Da sind im wesentlichen der Bukoliker Alberto Caeiro, der heidnische Klassizist Ricardo Reis, der sensualistische Futurist Álvaro de Campos und natürlich Bernardo Soares, der existentialistische Philosoph, vordergründig aber ein kleiner Angestellter aus der Unterstadt, der zuviel trank und zuviel rauchte und schließlich langsam daran zugrunde ging. Wie Pessoa.

Pessoa-Freunde können sich mit den angegebenen, teilweise jedoch weit auseinanderliegenden Adressen einen eigenen Spaziergang zusammenstellen oder in die vorgeschlagenen Routen einfügen.

Fernando António Nogueira Pessoa hätte es vorgezogen, niemals geboren worden zu sein, denn »Leben heißt ein anderer sein«, heißt, »gelebt werden«.[2] Und weil ihn niemand gefragt hat, wird er am 13. Juni 1888 ins Exil des Lebens getrieben, am festlich und ausgelassen begangenen Namenstag des Lissabonner Schutzheiligen Antonius, Patron der Liebenden und der Verzweifelten. Der *Largo de São Carlos 4* ist Pessoas Dorf, unweit der Glocke seiner Taufkirche Igreja dos Mártires in der *Rua Garrett*. »O Glocke meines Dorfes / Klagend am ruhigen Abend / Jeder Schlag von dir / Erklingt in meiner Seele [...].«[3] Geprägt und begrenzt ist der kindliche Kosmos vom Tejo, der Lebensader der Stadt. »Es war im alten, stillen Haus am Ufer des Flusses ... / (Die Fenster meines Zimmers und die des Eßzimmers / Gingen über niedrige Häuser zum nahen Strom ...«[4] Doch diese ruhige, großbürgerliche Umgebung in einem großen Haushalt mit Dienstboten muß er 1893 nach dem plötzlichen Tod des Vaters verlassen und in die volkstümlichere *Rua de São Marçal 104* umziehen. »Das Haus, in dem ich geliebt ward, zittert in meinen Tränen.«[5]

Bald heiratet seine Mutter wieder, die Familie siedelt nach Südafrika über, wo sein Stiefvater Konsul ist, und Pessoa kommt erst 1905 in die Stadt seiner »schrecklich verlorenen Kindheit«[6] zurück, die er in *Lisbon Revisited (1926)* erträumt und die ihn schmerzt »um jenes Glücksgefühls willen, das ich nie wieder spüren werde«.[7] »Zu der Zeit, in der sie meinen Geburtstag feierten, / War ich glücklich, war noch niemand gestorben«[8] – kurz nach seinem Vater stirbt

1894 sein jüngerer Bruder, 1900 seine Stiefschwester. In der Einsamkeit seiner Verwaisung beginnt Pessoa sich zu vervielfachen, er schafft die ersten Heteronyme, die sein Werk kennzeichnen. »Seit ich mich als den Jemand kenne, den ich Ihnen nenne, entsinne ich mich, unwirkliche Gestalten im Geist in Aussehen, Bewegungen, Charakter und Geschichte so präzise ausgebildet zu haben, daß sie für mich so sichtbar und mein waren wie die Dinge des mißbräuchlicherweise sogenannten wirklichen Lebens«, schreibt er 1935 an den Dichter und Kritiker Adolfo Casais Monteiro.[9]

Erst einige Zeit nach seiner Rückkehr lernt er die Literatur seines Landes kennen und findet in der portugiesischen Sprache eine Heimat: »Ich schreibe nicht portugiesisch. Ich schreibe mich.«[10] Zuvor verfaßt er englische Gedichte, zum Beispiel als Alexander Search, für den er eigens Visitenkarten drucken läßt. Demnach ist der Dichter in der *Rua da Bela Vista à Lapa 17* mit Blick auf die Basílica da Estrela zu Hause – Pessoas erste Station auf einem langen, wechselvollen Weg als Logierherr bei Tanten und anderen Anverwandten in der *Rua de São Bento 19*, der *Calçada da Estrela 100*, der *Rua da Glória 4*, am *Largo do Carmo 18* gegenüber dem Karmeliterkloster und in der *Rua de Passos Manuel 24*.

In der *Rua Pascoal de Melo 119* in Estefânia »begibt sich« – jedenfalls erinnert Pessoa es zwanzig Jahre später so – am 8. März 1914 als eine »odysseehafte Reise durch alle erlebbaren Empfindungen«[11] die portugiesische Moderne. Der »Denkspieler« (»raciocinador«) und »Seelenstimulator« (»indisciplinador de almas«), wie er sich selbst bezeichnet,[12] erweitert und verwirklicht sich: »Ich schrieb über dreißig Gedichte in einem Zuge in einer Art von Ekstase, deren Besonderheit ich nie werde definieren können. Es war der triumphale Tag meines Lebens; einen zweiten dieser Art werde ich nicht erleben. Ich begann mit einem Titel: ›Der Hüter der Herden‹. Und dann erschien jemand in mir, dem ich sogleich den Namen Alberto Caeiro gab.«[13] Alsbald erscheinen dessen Schüler Ricardo Reis mit den traurigen Oden und Álvaro de Campos mit der *Triumph-Ode*, die in der ersten Ausgabe des *Orpheu* erscheint und als Manifest der portugiesischen Moderne gilt.

Pessoa und seine »Truhe voller Menschen«[14] ziehen noch viele Male in Estefânia und Anjos um. So haust er unter anderem in der *Rua Dona Estefânia 127* im Zimmer einer Büglerin, in der *Avenida Almirante Barroso 12* im Hinterzimmer eines Milchladens, später in der *Rua Cidade da Horta 48*, der *Rua Bernadim Ribeiro 11* und der *Rua Santo António dos Capuchos* am Campo Santana, bis er sich 1920 bei seiner Familie, die aus Durban zurückgekehrt ist, am Campo de Ourique in der *Rua Coelho da Rocha 16* niederläßt und seine zweite Schaffensperiode beginnt.

Doch Pessoas Welt ist die Baixa, wo er sich allerdings die Mieten nicht leisten kann. In der Unterstadt erzählt jeder Pflasterstein von dem Mann, der tagtäglich im Kontor einer Firma, die er so häufig wechselt wie seine Unterkunft, seine Existenz fristet wie ein verwehtes Gespenst. Etwa bei *Lima Mayer* in der *Rua Betesga 75*, bei *Lavado* in der *Rua Augusta 75*, bei *Félix, Valladas e Freitas Ltd.* in der *Rua da Assunção 42*, wo er Ophélia kennenlernt, und bei *Moitinho de Almeida* in der *Rua da Prata 71*. Dort fällt sein Blick vom Fenster der Schreibstube auf den Tabakladen *Havaneza dos Retroseiros*, es entsteht eines der tiefsten und intensivsten Gedichte des Álvaro de Campos: *Tabakladen*. »Ich bin nichts. / Ich werde nie etwas sein. / Ich kann nicht einmal etwas sein wollen. / Abgesehen davon, trage ich in mir alle Träume der Welt.«[15]

Auch in der *Rua dos Fanqueiros* trifft man Pessoa, dort an

der Ecke zur Rua de São Nicolau ist damals ein Ausschank seiner Lieblingsspirituosenhandlung *Abel Pereira da Fonseca*, wo er sich zwischen den Bürostunden immer wieder alkoholisch zu stärken pflegt und die eine oder andere Liebesnote an sein »Bébézinho« Ophelinha verfaßt. In anderen Lokalen ist er ebenfalls Stammgast; er ißt in Garküchen und, wenn er Geld hat, im *Pessoa* in der **Rua Santa Justa** (die Namensgleichheit ist Zufall) oder im *Irmãos Unidos* am **Rossio**, wo mit dem *Martinho* und dem *A Brasileira* auch zwei seiner Lieblingskaffeehäuser ihren Sitz haben. Später geht er häufig ins *Martinho da Arcada* am **Terreiro do Paço**, und wenn es am Abend oder übers Wochenende schließt, zieht er um ins *A Brasileira* am Chiado oder ins *Montanha* in der ehemaligen **Rua do Arco da Bandeira 152**, Ecke Rua da Assunção (gibt es heute nicht mehr).

Diese Unterstadt und besonders die **Rua dos Douradores** ist der Mikrokosmos seines Weltbegreifens, sie ist der Topos seiner universellen Erkenntnis, sie ist Heimstatt und Seelenlabyrinth des Hilfsbuchhalters Bernardo Soares. Dessen Tagebucheintragungen und Aphorismen, die bis heute noch nicht zur Gänze ausgewertet werden konnten, fügen sich zu einem großen Roman zusammen, zu einer »Ästhetik der Trostlosigkeit«: *Das Buch der Unruhe*, in dem er das Leben bilanziert: »Wir führen Buch und erleiden Verluste; wir ziehen die Summe und gehen vorüber; wir schließen die Bilanz, und der unsichtbare Saldo spricht immer gegen uns.«[16]

Für Pessoa ist nur die träumende Seele Wirklichkeit, die Außenwelt ist ein Alp. Er blieb »an jedem Ort ein Fremder, / Im Leben so zufällig wie in der Seele«.[17] Er schließt sich in seinen letzten Lebensjahren tagelang im Haus ein und findet »Asyl in sich selber«, zerfließend im Schmerz und immer an die Grenzen des Universums und seiner Selbst, seiner vielen Ichs stoßend. »Fließend endet der vergehende Tag in erschöpftem Purpur« vor seinen »von unvergossenen Tränen müden Augen«.[18] Endgültige Entgrenzung und Befreiung vom Lebensekel erfährt der luzide Träumer erst im Tod, er stirbt am 30. November 1935 im *Hospital São Luís dos Franceses* in der *Rua Luz Soriano*.

Die vorletzte seiner »Wohnungen der Einsamkeit«, wie Pires sie nennt, bezieht er auf dem Friedhof von *Prazeres*, die letzte Ruhe finden er und die Seinen 1985 an ihrem 50. Todestag im Kreuzgang des *Jerónimos-Klosters* in Belém.

»*Einfach ein Paradies*«[1]

Durch die Serra de Sintra, entlang der Costa do Sol und der Costa do Estoril

»Die rühmlichst bekannte Serra da Sintra, der Stolz der Nation, um sie beneiden uns die Ausländer, bestens als Paradies geeignet, für den Fall, daß Gott hierin neuerlich einen Versuch unternähme«,[2] meint Saramago. Durch die einzigartige Panorama- und Klimalage im Norden der Serra erkoren die portugiesischen Könige Sintra zur Sommerresidenz und flohen aus der Hitze der Stadt in die etwa 25 Kilometer entfernte frische Kühle der Berge. Seit 1995 gehört Sintra zum Weltkulturerbe der UNESCO. Byron, der dem schmutzigen Lissabon und seinen Bewohnern, den steilen Gassen und schmalen Treppen nichts abgewinnen konnte, stieg im *Lawrence's* ab und hielt das Städtchen für »das vielleicht in jeder Hinsicht entzückendste in Europa, es enthält Schönheiten aller Art, natürliche & künstliche, Paläste und Gärten, die sich inmitten von Felsen, Katarakten und Abgründen erheben, Klöster in schwindelerregender Höhe, den Anblick des Meeres und des Tajo in der Ferne«, ja er ließ sich sogar zu »a glorious eden« hinreißen.[3] Thomas Bernhard, der erstmals 1976 und noch einmal von Januar bis März 1987 in Portugal weilte, besuchte »in der schönsten portugiesischen Gegend«, gar in »einer der schönsten Gegenden *der Welt*« seinen »Sintraonkel«, er wohnte im *Tívoli* und bedachte in *Der Untergeher* den Ort, »wo die Eukalyptusbäume an die dreißig Meter hoch werden und die beste Luft eingeatmet werden kann. In Sintra werde ich auch wieder zur Musik zurückfinden [...] und ich werde mich durch mathematisch ausgeklügeltes Einatmen der Atlantikluft regenerieren.«[4]

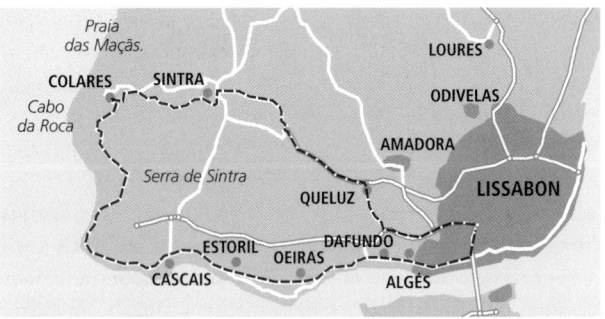

Am besten fahren wir *Am Steuer des Chevrolet auf der Straße nach Sintra*: »Gegen Mitternacht auf der Straße nach Sintra, im Mondlicht am Steuer, / Auf der Straße nach Sintra, welche Erschöpfung der eigenen Phantasie, / Auf der Straße nach Sintra, allemal näher an Sintra, / Auf der Straße nach Sintra, allemal ferner von mir ...«[5] Zur Not tut es auch ein anderer Wagen, selbst ein Zug vom Rossio bringt uns hierher – allerdings sind Zugreisende auf die nähere Umgebung von Sintra beschränkt, die man am besten bei einer Kutschfahrt erkundet; der weitere Ausflug ist am ehesten mit dem Wagen möglich, mit dem Bus ist er zeitintensiv. Von Ribeira de Sintra fährt jedoch auch eine Straßenbahn auf sehr schöner Strecke an die Praia das Maçãs.

Erste kurze Station auf dem Weg über die N117 ist **Queluz** und sein Rokokopalast, ein Jagdschloß von Pedro III., das er nach seiner Vermählung mit Königin Maria I. von Jean-Baptiste Robillion prachtvoll mit Gärten erweitern und mit Azulejos ausgestalten ließ. Es gilt als das »Versailles Portugals«. In den Räumen gibt es nun ein Hotel und das empfehlenswerte Restaurant *Cozinha Velha*.

Dann kommen wir auf die Straße, die Eça und Ortigão zum Schauplatz einer geheimnisvollen Entführung machen,[6] und fahren durch subtropisches Grün nach **Sintra** ein. »Unterhalb dieses jähen Ausbruchs von waldigem und buschigem Grün und irisierender Blütenbuntheit kuschelt sich die Stadt Sintra in die Gebirgsfalten, mit ihrem teilweise noch auf maurische Zeiten zurückgehenden Königspalast, dem die beiden riesigen konischen Kamintürme einen wunderlich exotischen Anstrich verleihen: ein wahres Bilderbuch portugiesischer Geschichte zwischen Reconquista und Entdeckungszeitalter.«[7] Das Wahrzeichen des Städtchens, ebendiese maurischen Schornsteine des *Palácio Nacional de Sintra*, sieht man auch sogleich aus der Altstadt aufragen. Im 8. Jahrhundert wurde der Palast von Mauren erbaut, 1147 von Afonso Henriques erobert; von seinen Nachfolgern, vor allem von Manuel I., immer wieder umgestaltet, spiegelt er die portugiesischen Kulturepochen und wurde 1910 zum Nationaldenkmal erhoben. Schon allein die *Sala dos Brasões* mit den Adelswappen an der Kuppeldecke, die *Sala dos Cisnes* mit den schwanengeschmückten Deckenpaneelen und die 136 gotischen Elstern-Darstellungen – gemeint sind die schwatzhaften Hofdamen – in der *Sala das Pegas* sind sehenswert.

Auch ein Gang durch die verwinkelte Altstadt lohnt. Zu sehen sind vor allem die esoterische *Quinta da Regaleira* des brasilianischen Freimaurers und Kaffeebarons Carvalho Monteiro, das gekachelte *Postamt* an der Praça da República und die *Fonte Mourisca* in der Volta do Duche, einer von vielen Brunnen in der Umgebung der Stadt mit dem guten Wasser. Das viele Auf und Ab ist einigermaßen kräftezehrend, doch zur Stärkung bietet sich das berühmte süße Frischkäsegebäck »queijada« an, das an der Straße verkauft wird.

Hoch oben auf der Serra thront der *Palácio da Pena*; das »portugiesische Neuschwanstein« wurde 1885 von Baron Eschwege auf den Ruinen eines Klosters in buntem Stilmix als extravagantes Sommerhaus für Prinzgemahl Ferdinand gebaut. Die königlichen Gemächer sehen so aus, als hätten Ihre Hoheiten, die 1910 ins Exil flohen, sie gerade erst verlassen. Ein Pfad führt durch den *Parque da Pena* zur 530 Meter hohen *Cruz Alta*, dem Gipfel der Serra, wo sich ein überwältigender Blick bietet. »Hier und dort leuchtete in einem dichten Hain weiß ein Gutshof auf. Bei jedem Schritt auf jenem Grund, wo es Wasser in Fülle gab, verriet eine Reihe kleiner Ulmen irgendein kühles Bächlein, das sich glitzernd zwischen den Gräsern dahinschlängelte. Tief unten lag das Meer, auf eine Linie zusammengedrängt, die sich in der verschwommenen Zartheit des bläulichen Nebels abzeichnete. Darüber wölbte sich wie glänzendes Email ein großartiges, leuchtendes Blau.«[8]

Auf den Hügeln gegenüber – zu erreichen über das Zentrum von Sintra und dann nach Osten auf der N345, vorbei an wunderschönen Quintas – liegen *Seteais*, im 18. Jahrhundert die Residenz eines Konsuls, heute ein Luxushotel, und *Monserrate*. Die Einsiedelei aus dem 16. Jahrhundert machte später einem neogotischen Palast Platz; William Beckford, den Byron in seinem, zu weiten Teilen im *Lawrence's* verfaßten Gedicht *Ritter Harolds Pilgerfahrt* verewigte, legte dort den wildromantischen »Garten der Hesperiden« an. Francis Cook ließ den Palácio im 19. Jahrhundert zu einem exzentrischen, orientalisch anmutenden Schloß umbauen.

Die Straße führt weiter nach *Colares*. Die Reben der Quintas an den Ausläufern der Serra liefern einen der besten Weißweine Portugals, der dort auch verkostet werden kann.

Nordwestlich von Colares liegen zwischen Klippendörfern wie Azenhas do Mar bekannte Badeorte und Strände – Praia das Maçãs, Praia Grande (mit Saurierspuren) und Praia da Adraga an der nördlichen *Costa do Sol*. Wir fahren weiter zum *Cabo da Roca*, dem westlichsten Festlandspunkt Euro-

Casa Santa Maria in Cascais

pas. Reinhold Schneider war fasziniert: »In seiner ganzen Breite steht hier das Unendliche offen. Nie empfand ich so eine Gewalt als hier, am Saum des Erdteils, an der Grenze der lebendigen Welt, die ihm nicht mehr widerstehen kann und vor seinem Ansturm rettungslos zerfällt. Pflanzen fliehen zurück, Tiere rasten nicht mehr, nur der Mensch sucht sich noch in den Trümmern zu halten, in die sein Werk zerstäubt.«[9] Vorbei am weitläufigen Surfer-Strand *Guincho* und vorbei am Cabo Raso kommen wir zur *Boca do Inferno*. Das Meer peitscht die zerklüftete Küste, die Gischt sprüht hoch an den Felsen auf, am »Felsensiphon, an dessen Klippen verirrte Fischkutter in einem Reigen aus Thunfischen und Sardinen strandeten«.[10] Vom Aussichtspunkt hat man einen schönen Blick auf das Felsentor.

Wir lassen die Casa Santa Maria und den Leuchtturm rechts liegen und sind nun schon in *Cascais*, dem pittoresken Hafen und beliebten Badeort. Schon in römischer Zeit war die Bucht in der Tejo-Mündung besiedelt und umkämpft, und als die *Zitadelle* aus dem 17. Jahrhundert wegen des angenehmen Klimas 1871 königliche Sommerresidenz wurde, entwickelte sich das Fischerdorf mit »Chalets«, wie die Sommerhäuser im Schweizerstil genannt wurden, zum Seebad für reiche Hauptstädter. Im Spätsommer war Cascais »das gefragteste Zentrum, die Quintessenz des eleganten Lebens in Portugal. [...] Die Damen zeigten ihre Sommerfrische-*toilette*, Mousseline-Kleider voller Blüten und Wildblumen, Strohhut, und der große Fächer – *coup de vent* – hing an einem Haken vom Gürtel.« Abgesehen von ihrer Sorge um Sehen und Gesehenwerden, trafen sich die Damen einmal in der Saison in ihrem Clube und nähten Kleider für die Kinder der Minderbemittelten, ein mildtätig' Werk, »das Ihre Majestät die Königin eigenhändig an die ›Begnadeten‹ verteilte«.[11] Das war vor über hundert Jahren, und schick ist das Städtchen noch immer. Damals hatte es 6000 Einwohner, heute leben dort über 30 000 Menschen, darunter viele Engländer, all die Touristen gar nicht mitgerechnet – entsprechend viel neuer und nicht immer charmanter Wohnraum wurde geschaffen. Bei einem Gang durch den alten Ortskern mit den zweistöckigen Häusern und über das Pflaster mit dem Wellenschlag, vorbei an stillen Winkeln und über Plätze voller Restaurants und Cafés, spüren wir noch etwas von der einstigen Beschaulichkeit und Eleganz.

Vom schönen Rathaus gehen wir bergan zur Zitadelle. Nur ein paar Straßenzüge weiter liegt die manuelinische *Igreja de Nossa Senhora da Assunção*. Wir kommen am grünen Parque da Gandarinha vorbei; am nördlichen Rand ist das *Museu do Mar* angesiedelt, am südlichen Ende das *Museu Condes de Castro Guimarães* mit einer prächtigen Bibliothek, und an der westlichen Ecke sind im *Centro Cultural de Cascais*, im ehemaligen Convento de Nossa Senhora da Piedade, wechselnde Ausstellungen zu besichtigen.

An kleinen Stränden entlang führt die Promenade nach *Estoril*, das mit seinen Ortsteilen Monte Estoril, São João und São Pedro längst mit Cascais zusammengewachsen ist. Die beiden Städtchen haben die gleiche Geschichte: vom Fischerdorf zum Seebad und zum Nobelvorort der Hauptstadt. Anders aber als in Cascais ist in Estoril vom früheren Fischerleben nichts mehr zu spüren, allein die Atmosphäre macht das gewisse Etwas aus. Es gibt Thermalquellen, Golfplätze, Reit- und Rennbahnen und natürlich das Casino. Exilkönige residierten in Estoril, Geheimagenten wirkten dort, so auch Simmels Thomas Lieven. »Vorbei an dem Modebadeort Estoril fuhr er, vorüber an dem lichterfunkelnden Spielkasino und den beiden großen Hotels. Europa versank in Schutt und Asche, mehr und mehr – aber hier lebte man noch wie im Paradies. Einem vergifteten Paradies, dachte Thomas Lieven, einem tödlichen Garten Eden, angefüllt mit den Reptilien vieler Nationen, die einander bespitzelten und bedrohten.«[12] Viele Jahre später sollte Estoril auch zum Schauplatz eines Romans der Weltliteratur werden; in Antunes' *Geh nicht so schnell in diese dunkle Nacht* entdeckt und erinnert die Protagonistin Maria Clara auf dem Dachboden der Villa beim Casino ihre Familiengeschichte. »Wie einst die Gartenlaube am Teich die Stämme des wilden Weins mit einem rosigen Oval beleuchtete, man hörte die Flügel der Insekten kilometerweit, die Geständnisse der Träume und das Pfeifen des Mahagonis, wenn die Züge stumm über den Stein der Schienen rumpelten, eine der Wände des Hauses rechteckig und bleich, die anderen Wände in den Bäumen verschwunden, der Raum zwischen mir und mir riesig, und das Sintragebirge in Reichweite des Armes, würde ich mich daranmachen, über die Dielen zu gehen, würden die Verwandten auf den Fotos mit mir gehen, überraschte Gesichter, da sie gestorben waren, große sprachlose Augen.«[13]

Auf der Küstenstraße *Avenida Marginal* kommen wir an all den Orten vorbei, die hinter den »Wolken von Sintra«[14] im Schutz der Serra liegen und einst ein Heilklima besaßen. In seinem Standardwerk *Die Strände Portugals* listet Ramalho Ortigão sie 1876 alle auf, samt Fahrplänen und Hygienetips. Man kann sich kaum mehr vorstellen, wie angenehm das Kurleben in den heute teils tristen Vororten einst war, doch die Fahrt entlang der Küste bleibt einer »der schönsten Ausflüge, der den Einwohnern von Lissabon gestattet ist« – seinerzeit freilich noch mit dem Dampfschiff, auf dem sich in aller Frühe »das Deck mit heiteren und frischen Morgen*toilettes* füllte«.[15] Wir kommen zum Beispiel durch *Oeiras* mit seiner schönen Strandpromenade, mit dem Landsitz der Grafen von Pombal, dem historischen Stadtkern und dem *Parque dos Poetas*, wo man über steingemeißelte Poesie zu den Statuen der Dichter des 20. Jahrhunderts schlendern kann. In *Caxias* stand einst der Palast von Miguel dem Absolutisten mit den italienischen Gärten; das neue Fort auf dem Hügel war in der Salazar-Zeit als Gefängnis für politische Gefangene berüchtigt. Wir kommen durch *Cruz Quebrada* und *Algés* mit alten Palácios und neuen Hochhäusern, dazwischen liegt *Dafundo*, wo 1898 zu Ehren Vasco da Gamas ein Aquarium eingerichtet wurde. Über *Belém*, die Avenida da Índia und die Avenida Vinte e Quatro de Julho kommen wir zurück zum *Cais do Sodré* und zur *Praça do Comércio*.

Wer keinen Chevrolet zur Verfügung hat, kann den zweiten Teil des Ausflugs am Fluß entlang in umgekehrter Richtung mit dem Vorortzug vom Cais do Sodré nach Cascais unternehmen.

»*Das Memorial*«
Mafra und Ericeira

»Der Ort dort in der Senke, das ist Mafra, von dem die Gelehrten sagen, daß es das ist, was es wortwörtlich heißt [...], Buchstabe für Buchstabe: Menschenverachtung, Arglist, Feme, Raub, Angst.«[1] Eine Fahrtstunde mit dem Wagen – oder mit dem Bus ab Martim Moniz oder Rotunda – nordwestlich von Lissabon liegt die Kleinstadt *Mafra*, verbinden kann man diesen Ausflug auch mit der Sintra-Fahrt zu einer großen Tagestour: ab Sintra über die N9 und von Ericeira zurück nach Sintra über die N247.

Bis 1717 war Mafra ein unbedeutendes Dorf, dann wurde es zum Schauplatz eines der größten und ehrgeizigsten Bauvorhaben der portugiesischen Geschichte. Der Klosterpalast von João V. und seiner österreichischen Frau Marianne sollte den Escorial übertreffen, es sollte der größte, der schönste, der prächtigste und mächtigste seiner Art sein und zumindest auf der Iberischen Halbinsel auch bleiben. Errichtet wurde der Bau, während in Lissabon die Scheiterhaufen brannten. Diese Geschichte erzählt José Saramago in *Das Memorial*.

Im Jahr 1711 hatte das Königspaar das Gelübde abgelegt, den Franziskanern bei der Geburt eines Thronfolgers ein Kloster zu schenken. »In diesem Falle wird der Franziskanerorden ihr tatkräftig zur Seite stehen, der das ihm zugesagte Kloster nicht einbüßen will. Alle Kongregationen der Provinz Arrábida sind eifrig am Werke, sie lesen Messen, veranstalten Novenen, befördern Gebete, auf allgemeine oder persönliche Veranlassung ausdrücklich oder unausdrücklich, damit der Infant heil auf die Welt komme.«[2]

José I. erblickte 1714 das Licht dieser Welt, der Regensburger »Frederico Ludovice« wurde mit dem Bau beauftragt und 1716 der Grundstein, ein weißer Marmor aus Pêro Pinheiro, zum heutigen *Palácio Nacional de Mafra* gelegt. In nur dreizehn Jahren war das monumentale Kloster auf 251 Metern Länge und 221 Metern Breite, mit 900 Sälen, 4500 Fenstern und Türen und einer 250 Meter langen Saalflucht im ersten Stock, soweit fertig, daß die Basilika eingeweiht werden konnte. Der Bau, dessen Entwurf nicht einmal zur Hälfte realisiert wurde, konnte teilweise nur unter Zwangsverpflichtung der Arbeiter und unter strengster militärischer Bewachung der 50 000 Mann entstehen, von denen über tausend umkamen. »Schon zeigt die Erde vom Blut keine Spur mehr, die Räder des Karrens sind darübergerollt, die Füße der Männer darübergetreten und die klobigen Hufe der Ochsen, den Rest trank und vermengte die Erde, nur auf einem zur Seite gestoßenen Kiesel bewahrt sich etwas Rot.«[3] Durch das brasilianische Gold, durch Zwangsbesteuerung und Zölle wurde der verschwenderische Bau finanziert; das Geld ging größtenteils ins Ausland, denn Joãos Wille war: »Von Portugal möge weiter nichts gefordert werden als Stein, Ziegel, Brennholz, Männer für die groben Arbeiten, wenig Wissenschaft. Wenn ein Deutscher der Architekt ist, Italiener die Meister der Zimmerleute, Maurer und Steinmetzen sind, wenn englische, französische, holländische und sonstige Kaufleute tagtäglich uns verkaufen und kaufen, so ist es nur Rechtens, daß aus Rom, aus Venedig, aus Mailand und aus Genua und aus Lüttich und aus Frankreich und aus Holland die Glocken und Glöckchen kommen, und die Kerzenhalter, die Öllampen, die Kandelaber, die Lüster, die bronzenen Kirchenleuchter und die Kelche, die vergoldeten Silbermonstranzen, die Heiligenschreine und die Heiligenstatuen, denen der König am meisten zugetan ist.«[4]

Davon hatte er nicht mehr viel. Als 1750 auch die königlichen Gemächer fertig waren, starb João V. Der einzige König, der hier residierte, war João VI., allerdings nur für kurze Zeit, denn er floh vor den napoleonischen Truppen 1807 nach Brasilien, und all die genannten und viele andere Kostbarkeiten wanderten mit ihm aus.

Seit der Schleifung der Klöster 1834 wird der Großteil der Anlage vom Militär genutzt. Für Besucher geöffnet ist die Basilika im Mittelteil des Baus mit der Marmorkassettendekke, den sechs vergoldeten Orgeln aus dem frühen 19. Jahrhundert und den kunstvollen Altären und Marmorstatuen in den elf Kapellen. Die wertvollen Gemälde von portugiesischen und italienischen Malern wurden wegen der schlechten mikroklimatischen Bedingungen entfernt und durch Basreliefs der »Schule von Mafra« ersetzt, die Jose I. 1754 gründete und wo unter der Leitung des Italieners Alessandro Giusti auch der berühmte Barockbildhauer Machado de Castro (1735-1822) ausgebildet wurde. Zu besichtigen sind auch die Türme mit insgesamt 114 Glocken (mitunter sind sie beim festlichen Geläut zu hören), ferner Teile der Königsgemächer und des Klosters, das Spital und die Apotheke sowie die berühmte Bibliothek mit 40 000 Bänden auf 83 Metern in Rokokoschränken, darunter eine Erstausgabe von Camões' *Lusiaden* von 1572, Stücke von Gil Vicente, eine dreisprachige Bibel von 1514 und die älteste griechische Homerausgabe.

Wir fahren über die N116 mit herrlichen Ausblicken an die Küste nach *Ericeira*. Das alte Fischerdorf war ursprünglich der wichtigste Hafen der Region und hat sich trotz seiner großen Beliebtheit als Seebad seine Ursprünglichkeit bewahrt. Die weiße Altstadt mit ihrem Gassengewirr thront auf einer Granitklippe über dem Atlantik. Vom hochgelegenen *Largo das Ribas* hat man einen schönen Blick auf die Praia dos Pescadores, den »Hafen«. Heute werden die Boote von Traktoren die Calçada da Praia hinaufgezogen, früher erledigten das Ochsen, wie es ein Kachelbild an der Calçada dokumentiert. Beim jährlichen Fischerfest am 16. August werden die Boote in einer eindrucksvollen Lichterprozession gesegnet.

Historisch ist der Ort von Interesse, weil Manuel II. nach der Ausrufung der Republik am 5. Oktober 1910 – wie eine Kachelinschrift an der *Capela de Santo António* unweit des Hafens sagt – auf die königliche Yacht floh, die vor Ericeira wartete, sich nach Gibraltar und schließlich nach England einschiffte.

Ericeira diente wegen seiner touristischen Infrastruktur den jüdischen Emigranten im Zweiten Weltkrieg auch als »residência fixa«; diese Tradition wurde bei der Unterbringung und Umsiedlung der Retornados fortgesetzt.

Sehenswert sind die *Capela de São Sebastião* ganz im Westen, mit Fliesen aus dem 16. Jahrhundert, die *Igreja de São Pedro* mit der gleichnamigen Kapelle von 1446, der manuelinische Pelourinho und das Museu da Ericeira am *Largo da Misericórdia*, unweit des grünen Hauptplatzes *Praça da República*. Dann können wir uns schlußendlich, mit Plastiklätzen geschützt an einem mit Wachstuch ebenso geschützten Tisch, mit Hammer und Zange an die verlockenden Meeresfrüchte machen, die in den Marisqueiras angeboten werden. Und so sind Languste (»lagosta«), Hummer (»lavagante«), Seespinne (»santola«), Taschenkrebs (»sapateira«) und der Bärenkrebs (»cavaco do mar«) ein Grund mehr für unseren Ausflug an die Küste und ein schöner Ausklang desselben, denn nirgendwo ißt man Krustentiere besser und preisgünstiger als in einem dieser lichtweißen Klippendörfer.

Eine Auswahl an Museen

Museu Nacional de Arte Antiga, Rua das Janelas Verdes 95 (s. S. 77)

Fundação Calouste Gulbenkian, Avenida de Berna 45 (s. S. 108)

Museu Nacional do Azulejo, Rua da Madre de Deus 4 (s. S. 144)

Museu do Chiado, Rua Serpa Pinto 4

Museu da Cidade, Campo Grande 245 (s. S. 104)

Museu Rafael Bordalo Pinheiro, Campo Grande 382 (s. S. 104)

Fundação Arpad Szenes-Vieira da Silva, Praça das Amoreiras 58

Museu Arqueológico, Largo do Carmo

Museu de Arte Sacra, Largo da Trindade Coelho (s. S. 24)

Museu Antoniano, Largo de Santo António da Sé 24

Casa do Fado e da Guitarra Portuguesa, Largo do Chafariz de Dentro

Museu Fundação Amália Rodrigues, Rua de São Bento 193

Casa Fernando Pessoa, Rua Coelho da Rocha 16-18 (s. S. 82)

Museu Bocage (Museu Nacional de História Natural), Rua da Escola Politécnica 58

Museu da Água da EPAL, Rua da Alviela 12

Museu da Carris, Rua 1° de Maio 101

Museu de Arte Popular, Avenida de Brasília

Museu Nacional dos Coches, Praceta de Afonso de Albuquerque (s. S. 121 f.)

Museu da Marinha, Praça do Império, Hieronymuskloster (Westflügel)

Museu Nacional de Arqueologia, Hieronymuskloster (Südflügel)

Museu Nacional de Etnologia, Avenida da Ilha da Madeira

Palácio Nacional da Ajuda, Calçada da Ajuda (s. S. 121)

Palácio Fronteira, Largo São Domingos de Benfica 1 (s. S. 130 f.)

Oceánario de Lisboa, Pavilhão dos Oceanos (s. S. 146 f.)

Aquário Vasco da Gama, Rua Direita, Dafundo

Buchhandlungen und Antiquariate
Ler Devagar, Rua de São Boaventura 115-119
Eterno Retorno, Rua de São Boaventura 42
Livraria Portugal, Rua do Carmo 70
Livraria Olísipo, Largo da Trindade Coelho 7
Livraria Bertrand, Rua Garrett 73
Livraria Buchholz, Rua Duque de Palmela 4
Livraria Municipal, Avenida da República 21 a
Livraria Férin, Rua Nova do Almada 70-74
Alfarrabista, Rua do Alecrim 44 u. Calçada do Combro 50
Livraria Camões, Rua da Misericórdia 137-141
Editorial Notícias, Rossio 23
FNAC, Rua Nova do Almada 186
Bücherflohmarkt, samstags, Rua Anchieta

LiteraTouren, Info 21 815 24 67, www.luaverde.com
Convívio poético, Info 21 397 37 17

Kaffeehäuser und Konditoreien
A Brasileira, Rua Garrett 120 (s. S. 21)
Nicola, Rossio (s. S. 28, 52 f.)
Pastelaria Suiça, Rossio 100
Martinho da Arcada, Praça do Comércio 3 (s. S. 29 f.); Info zum
Convívio (21 397 37 17)
Casa Chineza, Rua Áurea 274
Padaria São Roque, Rua Dom Pedro V 57 (s. S. 37)
Versailles (Versalhes), Avenida da República 15
Pastelaria Bénard, Rua Garrett 104
Confeitaria Nacional de Baltazar Castanheiro, Praça da Figueira
18
Pastelaria 1800, Largo do Rato
A Tendadora, Rua Ferreira Borges 1
Pastéis de Belém (Antiga Confeitaria Nacional de Belém), Rua de
Belém 84-88 (s. S. 122)

Restaurants

Gambrinus, Rua das Portas de Santo Antão 23-25, Tel. 21 342 14 66. Meeresfrüchte.

Casa do Alentejo, Rua das Portas de Santo Antão 58, Tel. 34 05 140. Küche aus dem Süden (s. S. 86 u. 99).

Casa Transmontana, Calçada do Duque 39, Tel. 21 342 03 00. Küche aus dem Norden (s. S. 86).

Gargalhada Geral, Costa do Castelo 7, Tel. 21 888 18 34; im **Chapitô** mit Varieté-Vorführungen.

Pap'Açorda, Rua da Atalaia 57-59, Tel. 21 346 48 11. Klassiker.

Tavares Rico, Rua da Misericórdia 35-39, Tel. 21 342 11 12. Edel. (s. S. 23 f.)

Café Tavares, Rua da Misericórdia 37, Tel. 21 342 89 42 (im 1. Stock).

Via Graça, Rua Damasceno Monteiro 9, Tel. 21 887 08 30. Edel, schöner Blick.

O João do Grão, Rua dos Correeiros 222, Tel. 21 342 47 57. Bekannt für *bacalhau*.

Tasquinha d'Adelaide, Rua do Patrocínio 70-74, Tel. 21 396 22 39. Klein und fein.

Jardim doSentidos, Rua da Mãe d'Água 3, Tel. 21 342 36 70. Vegetarisch.

Bica do Sapato, Avenida Infante Henrique, Armazém B, Cais da Pedra, Tel. 21 881 03 20. Location von John Malcovich.

Kais, Armazém 1, Cais da Viscondessa, Rua da Cintura, Santos, Tel. 21 393 29 30. Oben postmodern; unten: **Adega**, urig-portugiesisch.

Mercado do Peixe, Estrada do Casal Pedro Texeira (Ajuda), Tel. 21 361 60 70. Renommiertes Fischrestaurant.

Sua Excêlencia, Rua do Conde 34, Tel. 21 390 36 14. Kleines Restaurant, der Wirt berät.

Alcântara-Café, Rua Maria Luisa Holstein 15, Tel. 21 363 71 76 (s. S. 133).

Märkte

Mercada da Ribeira, Avenida 24 de Julho, 7 bis 14 h

Mercado de Santa Clara, Campo Santa Clara, 7 bis 14 h

Mercado Chão do Loureiro, Largo Chão do Loureiro (Bio-Markt)

Mercado das Frutas – Mercado do Peixe Avulso, Cais do Sodré, 6 bis 10.30 h

Mercado do Peixe, Rua de São Pedro und Rua São Miguel, 7 bis 13 h

Mercado do Campo de Ourique, 7 bis 14 h

Mercado do Rato, Avenida Alexandre Herculano 64, 7 bis 14 h

Mercado do Relógio, Portela, Praça do Relógio (afrikanisch-orientalischer Markt), So.

Feira da Ladra, Campo Santa Clara, Di 7 bis 14 h, Sa 7 bis 18 h (Flohmarkt) (s. S. 142)

Feira de Belém, Jardim de Belém; am ersten So. des Monats

Feira de S. Pedro de Sintra, S. Pedro de Sintra; am zweiten und vierten So. des Monats

Bars und Discotheken

Pavilhão Chinês, Rua Dom Pedro V 89 (s. S. 37)

Solar do Vinho do Porto, Rua São Pedro de Alcântara 45 (s. S. 25)

Cerca Moura, Largo das Portas do Sol 4 (s. S. 67)

British Bar, Rua Bernardino Costa 54 (s. S. 28)

Hot Clube de Portugal, Praça da Alegria 39. Jazz.

Tertúlia, Rua do Diário de Notícias 60. Jazz.

B'Artis, Rua do Diário de Notícias 95-97. Jazz.

Alcântara-Café, Rua Maria Luisa Holstein 15 (s. S. 133).

Frágil, Rua da Atalaia 126-128. In-Disco schlechthin. Avantgardistisch.

A Lontra, Rua de São Bento, 157. Afro.

B.leza, Largo do Conde de Barão 50. Afro im Adelspalast.

Kapital, Avenida 24 de Julho 69. Szenedisco.

Kremlin, Escadinhas da Praia 5. Techno.

Lux, Avenida Dom Henrique. Retro-Szenedisco.

Teatro Ibérico, Rua de Xabregas 54. Theater und Milonga.

Theater und Konzert
Teatro Nacional D. Maria II., Rossio
Teatro São Carlos, Rua Serpa Pinto 9
Teatro Municipal São Luís, Rua António Maria Cardoso 40
Fundação Calouste Gulbenkian, Avenida de Berna 45
Centro Cultural de Belém, Praça do Império
A Barraca, Largo de Santos 2, Experimentell. Stücke port. Autoren.
Chapitô, Costa do Castelo 7, Kulturzentrum und Varieté im Zirkuszelt.
Café Teatro Santiago Alquimista, Rua São Tiago 19. Konzerte.
Coliseu dos Recreios, Rua das Portas de Santo Antão 96

Fados
Café Luso, Travessa da Queimada 10-16 (Bairro Alto), Tel. 21 342 22 81. »Fadotempel«; dort sang die legendäre Amália Rodrigues.
Adega do Machado, Rua do Norte 91 (Bairro Alto), Tel. 21 322 46 40
O Faia, Rua da Barroca 54-56 (Bairro Alto), Tel. 21 342 67 42
A Severa, Rua das Gáveas 51-57 (Bairro Alto), Tel. 21 342 83 14
Parreirinha de Alfama, Beco de Espírito Santo 1 (Alfama) Tel. 21 886 82 09. Bekannte Sänger; gehört der »fadista« Argentina Santos.
Senhor Vinho, Rua do Meio à Lapa 18 (Madragoa), Tel. 21 397 26 81. Niveauvoll, teuer.
São Caetano, Rua de São Caetano à Lapa 27 (Lapa). Volkstümlich.
Cabacinha, Largo do Limoeiro. Volkstümlich.
A Guitarra da Bica, Calçada da Bica 13. Volkstümlich.
Número Um, Rua Dom Fransisco Manuel de Melo 44 (Saldanha). Volkstümlich.

Hotels
*****Hotels*
Avenida Palace, Rua 1° de Dezembro 123, Tel. 21 342 61 35, Fax 21 342 28 84. Renommiertes Grandhotel aus der Jahrhundertwende mitten im Zentrum.
Hotel da Lapa, Rua do Pau da Bandeira 4, Tel. 21 394 94 94, Fax 21 395 06 65. Park, Pool, Spa.

Palácio Belmonte, Pátio de Fradique, Tel. 21 881 66 00, Fax 21 881 66 09. Geschichtsträchtig. Im ältesten Palácio Lissabons aus dem 15. Jahrhundert, auf romanischen und maurischen Wällen gebaut.

****Hotels

Lisboa Regency Chiado, Rua Nova do Almada 114, Tel. 21 325 62 00, Fax 21 325 61 61. Sehr modernes Hotel mit Panorama-Dachterrasse.
York House, Rua das Janelas Verdes 32, Tel. 21 396 24 35, Fax 21 397 27 93. Ruhig und gepflegt, moderne Einrichtung in einem Marianerkloster aus dem Barock.
Britânia, Rua Rodrigues Sampaio 17, Tel. 21 315 50 16, Fax 21 315 50 21. Art deco, Club-Atmosphäre, zentral, dennoch ruhig.

***Hotels

Albergaria da Senhora do Monte, Calçada do Monte 39, Tel. 21 886 60 02, Fax 21 887 77 83. Ruhige Lage, herrlicher Blick, Dachterrasse.
Metrópole, Rossio 30, Tel. 21 321 90 30, Fax 21 346 91 66 Restauriertes Hotel von 1920. Blick auf Alfama und Bairro Alto.
Pensão Londres, Rua do Pedro V 53, Tel. 21 346 22 03, Fax 21 346 56 82. Mitten im Bairro.

**Hotels

Borges, Rua Garrett 108, Tel. 21 346 19 51, Fax 21 342 66 17. Mitten im Chiado.
Hotel Portugal, Rua João das Regras 4, Tel. 21 887 75 81, Fax 21 886 73 43. Schön renoviert, gepflegt.
Pensão Ninho das Águias, Costa do Castelo 74, Tel. 21 885 40 70. Klein, lauschig, unterhalb der Burg.

Nützliche Telefonnummern
Vorwahl Portugal: 00351
Touristeninformation im Palácio Foz, Praça dos Restauradores: 21 346 36 43
Eisenbahn (Caminhos de Ferro): 21 808 208 208
Flughafen (Aeroporto) Ankunft, Abflug: 21 841 37 00
Fundbüro (Perdidos e Achados): 21 853 54 03, *Carris* 21 362 73 10
Botschaft BRD, Campo dos Mártires da Pátria 38: 21 881 02 10
Botschaft CH, Travessa do Jardim 17: 21 394 40 90
Botschaft A, Avenida Infante Santo 43: 21 387 41 61
British Hospital, Rua Tomás Fonseca: 21 395 82 20
Polizei: 21 342 16 34
Taxi: 21 811 11 00 oder 21 811 90 00
Notruf: 112
Auskunft: 118
Portugiesisches Touristikamt, Schäfergasse 17, Frankfurt a. M.: 069-234094, Fax: 069-231433

Abend in Alcochete

Abusch, Alexander, *Der Deckname*. Dietz Verlag, Berlin 1984.

Akademie der Künste, *Lissabon 1933-1945. Fluchtstation am Rande Europas*. Berlin 1995.

Allemann, Fritz René, *8 x Portugal*. Piper Verlag, München 1971.

Alves, Clara Ferreira, *A Lisboa de José Saramago*. Lissabon 1999.

Antunes, António Lobo, *Der Judaskuß*. Aus dem Portugiesischen von Ray-Güde Mertin. © Wilhelm Goldmann Verlag, München 2006, ein Unternehmen der Verlagsgruppe Random House GmbH (zitiert nach der Ausgabe des Deutschen Taschenbuch Verlags, München 1989).

– *Die natürliche Ordnung der Dinge*. © Wilhelm Goldmann Verlag, München 2006, ein Unternehmen der Verlagsgruppe Random House GmbH (zitiert nach der Ausgabe des Carl Hanser Verlags, München 1996).

– *Das Handbuch der Inquisitoren*. Luchterhand Literaturverlag, München 1997.

– *Portugals strahlende Größe*. Luchterhand Literaturverlag, München 1998.

– *Die Leidenschaften der Seele*. Deutscher Taschenbuch Verlag, München 1999.

– *Die Rückkehr der Karavellen*. © Luchterhand Literaturverlag, München 2000 (a), ein Unternehmen der Verlagsgruppe Random House GmbH.

– *Der Tod des Carlos Gardel*. Luchterhand Literaturverlag, München 2000 (b).

– *Geh nicht so schnell in diese dunkle Nacht*. © Luchterhand Literaturverlag, München 2001, ein Unternehmen der Verlagsgruppe Random House GmbH.

– *Fado Alexandrino*. © Luchterhand Literaturverlag, München 2002, ein Unternehmen der Verlagsgruppe Random House GmbH.

– *Einblick in die Hölle*. © Luchterhand Literaturverlag, München 2003, ein Unternehmen der Verlagsgruppe Random House GmbH.

(Bis auf *Der Judaskuß* wurden Antunes' Werke von Maralde Meyer-Minnemann übersetzt.)

Araújo, Norberto de, *Legendas de Lisboa*. Ed. Vega, Lissabon 1994.

Benjamin, Walter, »Erdbeben in Lissabon«. In: *Gesammelte Schriften* VII/1. Suhrkamp Verlag Frankfurt am Main 1989.

Blanco, Maria Luisa, *Gespräche mit António Lobo Antunes*. Ins Deutsche übertragen von Maralde Meyer-Minnemann. Luchterhand Literaturverlag, München 2003.

Bocage, Manuel Maria Barbosa du, *Opera Omnia* II. Ed. Betrand, Lissabon 1970.

Breidert, Wolfgang (Hg.), *Die Erschütterung der vollkommenen Welt. Die Wirkung des Erdbebens von Lissabon im Spiegel europäischer Zeitgenossen*. Wissenschaftliche Buchgesellschaft, Darmstadt 1994.

Brühl, Helmut, *Wenn Portugal singt. Rätselhaftes Volk Lusitaniens*. Verlag Dietrich Reimer, Berlin 1957.

Byron, George Gordon Noel Lord, *Briefe und Tagebücher*. Aus dem Englischen von Tommy Jacobsen. S. Fischer Verlag, Frankfurt am Main 1985.

– *Childe Harold's Pilgrimage*. Murray, London 1845

– *Ritter Harold's Pilgerfahrt*. Aus dem Englischen von Joseph Christian Freiherr von Zedlitz. Cotta, Stuttgart und Tübingen 1836.

Câmara Municipal de Lisboa (CML), *Casa Fernando Pessoa*. Pelouro da Cultura, Lissabon 1993.

Camões, Luís Vaz de, *Die Lusiaden*. Wissenschaftliche Buchgesellschaft, Darmstadt 1992.

– *Lírica completa* III. Imprensa Nacional, Lissabon 1981.

Carvalho, Mário de, *Wir sollten mal drüber reden*. Aus dem Portugiesischen von Ralph Roger Glöckler. Klett-Cotta, Stuttgart 1997.

Crespo, Ángel, *Fernando Pessoa. Das vervielfältigte Leben*. Ins Deutsche übertragen von Frank Henseleit-Lucke. Ammann Verlag, Zürich 1996.

Dias, Marina Tavares, *Os cafés de Lisboa*. Ed. Quimera, Lissabon 1999 (a).

– *Lisboa nos passos de Pessoa*. Lissabon 1999 (b).

Döblin, Alfred, *Schicksalsreise*. Walter Verlag, Düsseldorf 1993. © Patmos Verlag GmbH & Co. KG, Düsseldorf.

Dos Passos, John, *The Fourteenth Chronicle*. Gambit, Boston 1973.

Eça de Queiroz, José Maria, *Vetter Basilio*. Aus dem Portugiesischen von Rudolf Krügel. Aufbau-Verlag, Berlin 1975.

– *Die Hauptstadt*. In: Ausgewählte Werke in Einzelausgaben. Band 3. Aus dem Portugiesischen von Rudolf Krügel. © Aufbau-Verlag, Berlin 1959.

– *Das Verbrechen des Paters Amaro*. Aus dem Portugiesischen von Willibald Schönfelder. Aufbau-Verlag, Berlin und Weimar 1979.

– *Die Maias*. Aus dem Portugiesischen von Rudolf Krügel und Horst Schulz. Mit einem Nachwort von Óscar Lopes. © Aufbau-Verlag, Berlin und Weimar 1983 (zitiert nach der Ausgabe des Piper Verlags, München 1986).

– *Alves & Co*. Aus dem Portugiesischen von Rudolf Krügel. Piper Verlag, München 1989.

– *O mistério da estrada de Sintra*. Ed. Livros do Brasil, Lissabon 2002.

Enzensberger, Hans Magnus, *Ach, Europa!* Suhrkamp Verlag Frankfurt am Main 1987.

Fialho de Almeida, José Valentim, »In einer Taberne der Mouraria«. In: Heinemann, Ellen (Hg.), a. a. O.

Fielding, Henry, *Tagebuch einer Reise nach Lissabon*. Aus dem Englischen von Erika Gröger. Insel Verlag Leipzig 1982.

Fontane, Theodor, *Der Stechlin*. Aufbau-Verlag, Berlin 2001.

Goethe, Johann Wolfgang, *Dichtung und Wahrheit I*. In: Sämtliche Werke. Band 14. Deutscher Klassiker Verlag Frankfurt am Main 1986.

Hahn-Hahn, Ida, Gräfin, »Der portugiesische Stierkampf«. In: Heinemann, Ellen (Hg.), a. a. O.

Heeringen, Gustav von, »Das Campo de Santa Clara«. In: Heinemann, Ellen (Hg.), a. a. O.

Heinemann, Ellen (Hg.), *Lissabon. Ein literarisches Portrait*. Insel Verlag Frankfurt am Main und Leipzig 1997.

Herculano, Alexandre, *História de Portugal I*. Ed. Bertrand, Amadora 1980.

Jorge, Lídia, *Nachrichten von der anderen Seite der Straße*. Aus dem Portugiesischen von Karin von Schweder-Schreiner. Suhrkamp Verlag Frankfurt am Main 1990.

Keller, Gottfried, *Die Leute von Seldwyla*. In: Gesammelte Werke. Band 3. Insel Verlag Leipzig 1921.

Lancastre, Maria José de, »Peregrinato ad loca fernandina. La Lisboa di Pessoa«. In: *Quaderni Portoghesi*. Giardini, Pisa 1/1977.

Le Gentil, Georges de, *Camões*. Ed. Portugália, Porto 1969.

Leibniz, Gottfried Wilhelm, *Die Theodicee*. Akademie Verlag, Berlin 1996.

Lichnowsky, Felix Fürst von, »Mosteiro dos Jerónimos«. In: Heinemann, Ellen (Hg.), a. a. O.

Losa, Ilse, *Unter fremden Himmeln*. Beck & Glückler, Freiburg i.Br. 1991.

– *Rio sem ponte*. Porto 1998.

– *Die Welt, in der ich lebte*. Beck & Glückler, Freiburg i. Br. 1990.

Loude, Jean-Yves, *Na cidade negra*. Ed. Dom Quixote, Lissabon 2005. (Original: *Lisbonne, dans la ville noire*, Paris 2003).

Machado, Dinis, *Molero und die verrückte Welt*. Aus dem Portugiesischen von Lieselotte Kolanoske. Verlag Volk und Welt, Berlin 1984.

Mann, Thomas, *Bekenntnisse des Hochstaplers Felix Krull*. © S. Fischer Verlag GmbH, Frankfurt am Main 1965.

Mercier, Pascal, *Nachtzug nach Lissabon*. Carl Hanser Verlag, München 2004.

Meyer-Clason, Curt, *Portugiesische Erzählungen des 20. Jahrhunderts*. Beck & Glückler, Freiburg i.Br. 1988.

– *Portugiesische Tagebücher*. © A1 Verlag, München 1997 (zitiert nach der Ausgabe des Athenaeum Verlags, Königstein/Ts. 1979).

Modesto, Maria de Lourdes, *Cozinha traditional portuguesa*. Lissabon und São Paulo 1982.

Mourão-Ferreira, David, *Cartas de amor de Fernando Pessoa*. Lissabon 1994.

Mühlen, Patrik von zur, *Fluchtweg Spanien–Portugal*. Dietz Verlag, Bonn 1992.

Namora, Fernando, *Der traurige Fluß*. Aus dem Portugiesischen von Hans Erlewein. Verlag Volk und Welt, Berlin 1986.

Nebel, Gerhard, »Auf der Praça do Comércio oder dem Terreiro do Paço«. In: Heinemann, Ellen (Hg.), a. a. O.

Nietzsche, Friedrich, *Also sprach Zarathustra*. Pawlak Verlag, Herrsching 1966.

Nooteboom, Cees, *Die folgende Geschichte*. Aus dem Niederländischen von Helga van Beuningen. Suhrkamp Verlag Frankfurt am Main 1991.

Ortigão, José Duarte Ramalho, *As praias de Portugal*. Liv. Universal, Porto 1876 (a).

– e Eça de Queiroz, *As farpas*. Companhia Nacional Editora, Lissabon 3/1876 (b).

– e Eça de Queiroz, *O mistério da estrada da Sinora*. Lissabon 2002 (1870).

Pascoaes, *Schloß Pascoaes*. Aus dem Portugiesischen von Albert Vigoleis von Thelen. Rascher Verlag, Zürich 1942.

Pessoa, Fernando, *Mein Lissabon. Was der Reisende sehen sollte*. Ins Deutsche übertragen von Hans Jürgen Balmes und Sabine Dörlemann. Ammann Verlag, Zürich 2001.

– *Álvaro de Campos. Gedichte.* Aus dem Portugiesischen von Georg Rudolf Lind. Ammann Verlag, Zürich 1987.

– *Das Buch der Unruhe des Hilfsbuchhalters Bernardo Soares.* Aus dem Portugiesischen übersetzt und revidiert von Inés Koebel. © 2003, 2006 by Ammann Verlag & Co., Zürich.

– *Dokumente zur Person und ausgewählte Briefe.* Ins Deutsche übertragen von Georg Rudolf Lind. Ammann Verlag, Zürich 1988.

– *Botschaft.* Ins Deutsche übertragen von Georg Rudolf Lind. S. Fischer Verlag, Frankfurt am Main 1994.

– *Obra poética.* Ed. Aguilar, Rio de Janeiro 1965.

Pires, José Cardoso, *Lissabonner Logbuch. Stimmen, Blicke, Erinnerungen.* Aus dem Portugiesischen von Maralde Meyer-Minnemann. Mit einem Nachwort von Antonio Tabucchi, übersetzt von Elise Dinkelmann. © 1997 Carl Hanser Verlag, München–Wien.

– *Ballade vom Hundestrand.* Aus dem Portugiesischen von Curt Meyer-Clason. Carl Hanser Verlag, München 1990.

Radasewsky, Werner, *16 mal Portugal.* Piper Verlag, München 1992.

Remarque, Erich Maria, *Die Nacht von Lissabon.* Kiepenheuer & Witsch, Köln 1962.

Sá-Carneiro, Mário de, *Lucios Geständnis.* Aus dem Portugiesischen von Orlando Grossegesse. Deutscher Taschenbuch Verlag, München 1997.

Santos, Paulo, *Lissabon.* Könemann Verlag, Köln 1998.

Saramago, José, *Das Todesjahr des Ricardo Reis.* Aus dem Portugiesischen von Rainer Bettermann. Rowohlt Verlag, Reinbek 1996.

– *Das Memorial.* Aus dem Portugiesischen von Andreas Klotsch. Copyright © 1986 by Rowohlt Verlag GmbH, Reinbek (zitiert nach der Ausgabe des Bertelsmann Verlags, Rheda-Wiedenbrück, Zug und Wien 1998).

– *Geschichte der Belagerung von Lissabon.* Aus dem Portugiesischen von Andreas Klotsch. Copyright © 1992 by Rowohlt Verlag GmbH, Reinbek.

– »Alfama und die Touristen«. In: Heinemann, Ellen (Hg.), a. a. O.

Scheer, Maximilian, *Ein unruhiges Leben*. Verlag der Nationen, Berlin 1975.

– »Auf dem Rossio«. In: Heinemann, Ellen (Hg.), a. a. O.

Schmauss, Johann Jakob, »Ein großer viereckigter Turm«. In: Heinemann, Ellen (Hg.), a. a. O.

Schneider, Reinhold, *Portugal. Ein Reisetagebuch*. Suhrkamp Verlag Frankfurt am Main 1984.

– »Das Erdbeben«. In: *Portugiesische Erzählungen*. Hamburger Lesehefte 117, Hamburg o. J.

– »Geschichte eines Nashorns«. In: ebd.

Seligo, Irene, »Der Gang zum Markt«. In: Heinemann, Ellen (Hg.), a. a. O.

Sieburg, Friedrich, »Das Kutschenmuseum in Belém«. In: Heinemann, Ellen (Hg.), a. a. O.

Simmel, Johannes Mario, *Es muß nicht immer Kaviar sein*. Bertelsmann Verlag, Zürich 1964.

Southey, Robert, »Ausritt nach Chelas«. In: Heinemann, Ellen (Hg.), a. a. O.

Tabucchi, Antonio, *Lissabonner Requiem*. Eine Halluzination. © 1994 Carl Hanser Verlag, München–Wien.

– *Erklärt Pereira*. Deutscher Taschenbuch Verlag, München 1997.

– *Wer war Fernando Pessoa?* Carl Hanser Verlag, München 1992.

– »Vozes trazidas por alguma coisa ...«. In: *As tentacões*. Quetzal Ed., Lissabon 1989.

(Die deutschen Übersetzungen stammen von Karin Fleischanderl.)

Thelen, Albert Vigoleis, *Briefe an Texeira de Pascoaes*. Weidle Verlag, Bonn 2000.

– *Die Insel des zweiten Gesichts*. Claassen Verlag, Hildesheim 1999.

Torga, Miguel, *Portugal*. Selbstverlag, Coimbra 1993.

Voltaire, *Candide oder Die beste der Welten*. Aus dem Französischen von Ernst Sander. Reclam Verlag, Stuttgart 1971.

– *Aus dem philosophischen Wörterbuch*. Aus dem Französischen von Erich Salewski. Insel Verlag Frankfurt am Main 1967.

Weelen, Guy, *O azulejo*. Imprensa Nacional, Lissabon 1992.

Wöll, Wilfried, *Die Slums von Lissabon*. Breitenbach Verlag, Saar-
brücken 1978.

Zedler, Johann Heinrich, »Lissabon«. In: Heinemann, Ellen (Hg.),
a. a. O.

Zweig, Stefan, *Tagebücher*. S. Fischer Verlag, Frankfurt am Main
1984.

Textnachweise

Vorwort

1 Pessoa 2001, 8.
2 Mann 1965, 204.
3 Fielding, 125.
4 Voltaire 1971, 18.
5 Enzensberger, 187.
6 Camões 1992, 29.
7 Antunes 1989, 95.
8 Mann 1965, 245 u. 204.
9 Pessoa 2003, 2006.
10 Pessoa 2003, 2006, 230.
11 Lancastre, 133.
12 Pessoa 1988, 20.

Erster Spaziergang

1 Pires 1997, 39 f.
2 Nooteboom, 46.
3 Vgl. S. 22; *Público* 24. 3. 04 und Centro Nacional de Cultura, 25.
4 Eça 1986, 200.
5 Ebd., 66.
6 Eça 1979, 345.
7 Nooteboom, 77.
8 Meyer-Clason 1979, 269.
9 Namora, 321 f.
10 Pires 1997, 44.
11 Vgl. Antunes 2002, 244 ff.
12 Pires 1997, 37.
13 Ebd., 40.
14 Eça 1959, 428.
15 Saramago 1996, 67.
16 Nooteboom, 74.
17 Eça 1975, 105.

18 Eça 1959, 130.
19 Mann 1965, 220.
20 Pires 1997, 25.
21 Nooteboom, 48.
22 Pires 1997, 49.

Exkurs

1 Pessoa 1988, 24.
2 Pires 1997, 15.
3 Ebd., 14.
4 Namora, 41.
5 Dias 1999a, 19.
6 *Triumph-Ode*, Pessoa 1987b, 7.
7 Dias 1999a, 73.
8 Ebd., 64.
9 Eça 1959, 128.
10 Dias 1999a, 145.

Zweiter Spaziergang

1 Pires 1997, 9.
2 Loude, 38
3 Pires 1997, 29 f.
4 Jorge, 91.
5 Ebd., 325.
6 Antunes 2000a, 176.
7 Antunes 2002, 383.
8 Machado, 101.
9 Pires 1997, 51.
10 Ebd., 50 f.
11 Vgl. Pessoa 2001.
12 Antunes 1989, 11.
13 Tabucchi 1997, 14.
14 Meyer-Clason 1979, 72.

15 Crespo, 18.
16 Mercier, 82 und 83.
17 Pires 1997, 30.
18 Camões 1992, 69 f.

Exkurs

1 Benjamin, 224 f.
2 Fontane 2001, 5.
3 Leibniz, 54.
4 Voltaire 1967, 98.
5 Goethe, 36, 55 und 37.
6 Nietzsche, 189 f.
7 Keller, 206.
8 Pires 1997, 43.
9 Santos, 34 f.

Dritter Spaziergang

1 Pires 1990, 92.
2 Pires 1997, 57.
3 Döblin, 241 und 244 f.
4 Pessoa 1988, 194.
5 Döblin, 245.
6 Pires 1997, 12.
7 Eça 1959, 227.
8 Pires 1997, 34.
9 Seligo, in: Heinemann, 118.
10 Pessoa 2003, 2006.
11 Antunes 1996, 189.
12 Antunes 2002, 621.
13 Eça 1986, 115.
14 Pessoa 2003, 2006.
15 Eça 1959, 124.
16 Pires 1990, 92.
17 Nebel, in: Heinemann, 124.
18 Antunes 2002, 621.

19 Döblin, 246 f.
20 Meyer-Clason 1979, 80.

Exkurs

1 Nooteboom, 43.
2 Enzensberger, 184.
3 Ebd., 187
4 Pessoa 2003, 2006.

Vierter Spaziergang

1 Saramago, in: Heinemann, 181.
2 Mesquita, in: Ebd., 178. Für »al-hamma« wird jedoch auch die Bedeutung »heiße Quellen« angeführt, s. Loude, 55, und Dicionário Houaiss da lingua portuguesa, Rio de Janeiro 2001.
3 Fialho de Almeida, in: Heinemann, 195 f.
4 Saramago 1992, 36.
5 Ebd., 221.
6 Ebd., 83.
7 Ebd., 193.
8 Camões 1992, 39 und 40.
9 Saramago 1992, 87.
10 Ebd., 88 und 89.
11 Ebd., 89.
12 Ebd., 90.
13 Ebd., 91; vgl. a. Araújo, 186.
14 Lisbon Story, Spielfilm v. Wim Wenders, D/P 1995.
15 Allemann, 29.
16 Ebenda.

17 Saramago 1992, 162.
18 Eça 1986, 801.
19 Ebenda.
20 Saramago 1992, 163.
21 Pires 1997, 51.
22 Vgl. Carvalho, 151 f. und
159 f.
23 Pessoa 2003, 2006, 59.
24 Saramago, in: Heinemann,
179.
25 Antunes 2000a, 49.

Exkurs
1 Garrett, zit. in: Meyer-
Clason 1979, 152.
2 *Elegie II*, Camões 1981,
147.
3 Meyer-Clason 1988, 9.
4 Brühl, 85.
5 *Kanzone X*, Camões, zit. in:
Le Gentil, 185.
6 Radasewsky, 219.

Fünfter Spaziergang
1 Pires 1997, 22.
2 Antunes 2000a, 105.
3 Ebd., 176.
4 Antunes 2000a, 180 f.
5 Vgl. Tabucchi 1994, 71.
6 Eça 1989, 80.
7 Eça 1986, 5.
8 Antunes 1999a, 197.
9 Dos Passos, 263.
10 Pires 1997, 24.
11 CML 1993, 5.
12 SZ vom 7. 7. 94.

13 Vgl. Herculano 1980, 437 ff.,
und Saramago 1992, 175.
14 Jorge, 116.
15 Enzensberger, 188.

Exkurs
1 Tabucchi 1994, 129 f.
2 Saramago 1992, 89.
3 Döblin, 254.
4 Nooteboom, 9.

Sechster Spaziergang
1 Eça 1986, 798.
2 Ebd., 438.
3 Mann, 218 f.
4 Eça 1986, 798.
5 Ebenda.
6 Zweig 1984, 395.
7 Dos Passos, 263 und 264.
8 Mercier, 27 f.
9 Mann, 205.
10 Meyer-Clason 1979, 18 f.
11 Döblin, 258.
12 Bocage, 132.
13 Pires 1990, 36 f.
14 Antunes 2003, 24.
15 Pires 1990, 281.
16 Meyer-Clason 1979, 283.
17 Tabucchi 1994, 97.
18 Saramago 1998, 464.

Siebter Spaziergang
1 Pires 1997, 65.
2 Ebd., 23.
3 Antunes 2000a, 46 f.
4 Eça 1975, 210.

5 Verde, zit. in: Pires 1997, 63.

6 Ebd., 65.

7 Hahn-Hahn, in: Heinemann, 368 f.

8 Ortigão 1876b, 9 und 4.

9 Eça 1986, 350.

10 Saramago 1998, 350.

Exkurs

1 Zedler, in: Heinemann, 9.

2 Pessoa 1994, 91.

Achter Spaziergang

1 Pessoa 2001, 66.

2 Schmauss, in: Heinemann, 346.

3 Schneider *(Nashorn)*, 13.

4 Dürer, zit. in: Radasewsky, 319.

5 Lichnowsky, in: Heinemann, 339.

6 Allemann, 32.

7 Ebenda.

8 Antunes 2000a, 37.

9 Ebd., 92, und Antunes 1999b, 154.

10 Ortigãoa 1876a, 43 und 44.

11 Antunes 2000a, 163.

12 Sieburg, in: Heinemann, 342.

Exkurs

1 Torga, 114.

Neunter Spaziergang

1 Antunes 1996, 319.

2 Pires 1997, 63 und 64.

3 Eça 1986, 252.

4 Antunes 1989, 100.

5 Antunes 1996, 39.

6 Ebd., 316; 317, 39 und 296.

7 Antunes 1989, 37, und Camões 1992, 113 f.

8 Antunes 1996, 39.

9 Antunes 2000a, 153.

10 Antunes 1999, 153 f.

11 Pires 1997, 30 und 32.

12 Antunes 2000a, 119.

13 Antunes 1996, 238; 57 und 125.

14 Tabucchi 1994, 118; 122 und 121.

15 Antunes 2000a, 33; Pollack, in: ebd., 11.

16 Ebd., 40.

Exkurs

1 Zur Mühlen, 130.

2 Simmel, 104.

3 Zit. nach: Zur Mühlen, 143.

4 Tillinger, zit. in: Akademie der Künste, 4.

5 Scheer, in: Heinemann, 121.

6 Remarque, 5.

Zehnter Spaziergang

1 *Zwei Ausschnitte aus Oden [...]*, Pessoa 1987, 25.

2 Pires, 1990, 89.

3 Saramago 1998, 53 f.

4 Araújo, 213.

5 Heeringen, in: Heinemann, 206.

6 Vgl. Radasewsky, 310.

7 Heeringen, in: Heinemann, 211.

8 Antunes 1996, 251.

9 Eça 1986, 780.

10 Antunes 1996, 251.

11 Pires 1990, 111.

12 Southey, in: Heinemann, 222.

13 Antunes 1989, 115.

14 Antunes 2002, 357.

15 Allemann, 33.

Exkurs

1 Pires 1997, 58.

2 Antunes 1989, 119.

3 Weelen, 9.

4 Pires 1997, 61.

Elfter Spaziergang

1 Pessoa 1988, 12.

2 Pessoa 2003, 2006.

3 Pessoa 1965, 140.

4 *Meeres-Ode*, Pessoa 1987, 67.

5 *Geburtstag*, ebd., 193.

6 *Lisbon revisited (1926)*, ebd., 139.

7 *Meeres-Ode*, ebd., 67.

8 *Geburtstag*, ebd., 191.

9 Pessoa 1988, 162 f.

10 Pessoa 2003, 2006, 418.

11 Pessoa 2003, 2006.

12 Pessoa 1988, 217.

13 Pessoa 1988, 164.

14 Tabucchi 1992, 11.

15 *Tabakladen*, Pessoa 1987, 149.

16 Pessoa 2003, 2006.

17 *Lisbon revisited (1926)*, Pessoa 1987, 139.

18 Pessoa 2003, 2006, Pessoa 2003, 2006, 209 und 43.

Erster Ausflug

1 Eça 1986, 267.

2 Saramago 1998, 382.

3 Byron 1985, 39, und Byron 1845, 11.

4 Bernhard, 105 f.

5 Pessoa 1987, 173 f.

6 Eça und Ortigão 2002 (1870).

7 Allemann, 97.

8 Eça 1986, 273.

9 Schneider 1984, 104.

10 Antunes 2000a, 200.

11 Ortigão 1876a, 80 und 81.

12 Simmel, 112.

13 Antunes 2001, 549.

14 Ebd., 571.

15 Ortigão 1876a, 71.

Zweiter Ausflug

1 Saramago 1998, 382.

2 Ebd., 1998, 87.

3 Ebd., 316.

4 Ebd., 291.